직장인!
매일을 최고의 날로 만드는
99가지

직장인! 매일을 최고로 날로 만드는 99가지

초판1쇄 찍은 날 | 2012년 2월 10일
초판1쇄 펴낸 날 | 2012년 2월 20일

지은이 | 한국인재개발연구회 지음
펴낸이 | 곽선구
펴낸곳 | 늘푸른소나무

출판등록 | 1997년11월3일 제 307-2011-67
주소 | 서울시 성북구 보문동7가 80-1 2층
전화 | 02-3143-6763
팩스 | 02-3143-6742
이메일 | ksc6864@naver.com

ISBN | 978-89-88640-97-5 13800

직장인!
매일을 최고의 날로 만드는
99가지

한국인재개발연구회 지음

젊은 코끼리를 냉장고에 집어넣을 수 있을까?

전경련의 한 원로는 사석에서 기업에 갓 입사하는 사원들을 젊은 코끼리에 비유하면서 이들을 잘 컨트롤하여 각자 제 몫을 발휘하게 하는 것은 코끼리를 냉장고에 넣기보다 어려운 일이라고 말했다.

과연 대학을 졸업하고 기업에 갓 입사한 이 젊고 활달한 코끼리들은 어떻게 자신을 잘 컨트롤해야 새로운 조직에 적응하며 숨겨져 있는 역량을 제대로 계발할 수 있을까?

각자의 성장 환경과 교육 수준, 성격, 자질 등에 따라 순서와 방법이 다소 다를 수 있겠지만 스스로를 발전시켜 기업의 다크호스로 나아가 리더로 커나갈 방법은 얼마든지 있다.

여기 소개하는 '직장인! 매일을 최고의 날로 만드는 99가지'는 성공하기 위한 직장인들의 직장 적응 훈련에 도움이 되는 처세서 이다.

조직과 개인의 관계는 쾌도난마로 풀어낼 성질의 것이 아니다. 어떤 면에선 조직이 중요하고 어떤 면에서 개인이 중요하다. 과거엔 평생 직장이라는 개념으로 일했기 때문에 조직이 개인에 앞서는 경향이 많았다. 그러나 지금은 아무도 자신이 평생 그 직장에 있을 거라는 꿈(?)을 꾸지 못한다.

이처럼 무한경쟁 체제 하에서 불확실한 미래를 앞두고 승부를 걸어야 하는 신입사원의 프레임은 어떤 것이라야 할까?

그들은 무엇으로 하드웨어를 튼실하게 포장하고 소프트웨어를 장착하여야만 할까?

취업에 성공한 이들에게도 도움이 될 내용들이지만, 취업을 앞두고 있는 구직자들에게도 기업을 이해하고 면접을 보려 할 때 큰 도움이 될 책이라고 확신한다.

또한 재교육의 필요성을 가장 강하게 느끼고 있는 경력사원들의 자기 계발 지침서로 쓰이길 기대하고 있다.

아무도 알려주지 않는, 그러나 반드시 알아야 할 신입 및 비즈니스맨의 필독 가이드북이 될 이 책을 반드시 가방에 넣고 다니기를 권한다.

하루에 5분만 투자하라. 아침 시간 담배 한 개비, 커피 한 잔 할 시간만 투자하면 이 책이 여러분을 성공시대로 이끌게 될 것이다. 거창한 목표도 원대한 꿈도 한 발 한 발 목표를 향해 걸어갈 때 실현이 가능한 것이다.

아침 출근길 전철속에서, 버스 속에서 하루 한 편씩 잠언처럼 읽으면서 한 가지씩 몸에 붙여 익혀가노라면 어느 새 이 책의 독자분은 유능한 사원이라는 평가를 주위로부터 받게 될 것이다.

이 책의 글들은 여느 유명한 베스트셀러처럼 요란한 구호나 선정적인 메시지를 담고 있지 않다. 오히려 너무 평범하여 '뭐 이런 것까지 썼어?' 라고 되물을 정도로 우리에게 익숙한 글들을 정리해 놓고 있다. 그럼에도 그 평범한 진리조차 제대로 실천하기 어려운 것이 우리의 현실이다.

　아는 만큼, 머리에 든 만큼 실천한다는 말이 있다. 이 책의 노림수는 여기에 있다. 자꾸 읽어서 뇌리에 남겨 두면 반드시 써 먹을 때가 온다고 믿는 것이다.

　부디 좌우명처럼 익히고 적용해서 21세기를 끌고 가는 유능한 인재로 발돋음 하시기를 기대한다.

한국인재개발연구회 드림

1부

조직과 인간관리

01

10년 후 비즈니스 환경을 예측하라

❖ 변화를 따라잡지 못하면 공룡처럼 퇴화할 뿐이다

❖ 좋아하는 분야의 책 50권을 숙독하라

우리나라는 몇 번의 호황과 불황을 반복하면서도 지속적인 경제성장을 해왔다. 기업들도 70년대의 고도 경제성장기에는 선진국들의 경영이나 조직체계를 벤치마킹하여, 우리나라 실정에 맞게 한국형 기업조직을 완성해 제조업 중심으로 발전해 왔다.

그런데 자금에 여유가 생겨 돈이 돈을 버는 실체가 없는 경제활동이 활발해지면서 소위 말하는 IMF를 초래하고 말았다. 불과 5년 후 10년 후를 내다보지 못한 탓에 이후 10년간 우리는 냉혹

한 구조조정, 고 실업률 등 엄청난 시련을 감수해야 했다. 비록 온 국민이 합심하여 IMF를 극복했지만 그 회복의 이면에는 저고용, 장기불황과 구조적 취업난이라는 고난이 남아 있다.

이런 시장의 불확실성에 따라 앞으로의 한국사회는 실력본위의 경쟁주의가 한층 더 심화될 것이다. 그리고 기업도, 기업을 구성하는 비즈니스맨도, 승자와 패자가 확실히 갈리게 될 것이다. 이 같은 무한경쟁 시대와 불확실성의 시대를 어떻게 대응해 가면 좋을까?

우선 자기자신을 제대로 주시해 정말 자신이 좋아하는 분야, 자신 있는 분야를 발견하는 일이며 그 세계에서 제대로 된 실력을 확실하게 익히는 일이다. 다음은 그 변화에 적응해 가는 능력이다.

그리고 좋아하는 분야의 책을 읽어야 한다. 자신이 좋아하는 분야의 50권만 읽으면 전문가 수준이 된다고 한다. 그만큼 지식이 늘어나고 관심이 커지기 때문에 어느 누구보다도 실력이 커지게 되며 그 분야의 미래를 예측할 수 있어 대비가 가능해진다.

책뿐 아니라 자격증을 취득하는 것도 중요하다. 자격증은 곧 실력이요 연봉 협상 시 유리한 조건이 된다. 실력을 쌓고 자격증으로 검증해 두면 무슨 일이 닥쳐도 걱정할 것이 없는 법이다.

02

글로벌 비즈니스에 대한 인식을 갖춰라

❖ 국제적 레벨에서 공통 표준이 확립되고 있다

❖ 글로벌리즘으로 인한 리스크도 생각할 것

수출의존도가 높은 우리나라에선 늘 글로벌에 대한 필요성이 강조되어 왔다. 원래부터 자원이 부족했기 때문에 무역을 활발히 하려는 노력이나 해외에 공장을 만드는 일은 국제화의 대표적 예이다. 그러나 최근 국제화라는 개념은 이런 수출 시장 뿐 아니라 국제적 수준의 공통적인 표준과도 깊은 관계를 맺고 있다. 이 것이 '글로벌 스탠다드(Global Standard)' 라는 것이다.

예를 들면 품질관리나 환경보전에 관한 ISO규격, 기업 회계에 대한 기준인 국제회계기준 등 다양한 국제기준에 맞추려는 움직임이 급속하게 늘어나고 있는 것이다. 또한 고용시스템이나 급여체계 등도 종래 한국적인 스타일로부터 국제적인 스타일로 이행하고 있는 기업이 적지 않다. 이 같은 경향으로 확실히 종래 한국적 비즈니스 스타일의 약점이 시정되는 측면도 있다. 이는 기업이 피할 수 없는 세계적인 추세다. 물론 한국적인 스타일도 한국 스타일대로 좋은 점이 있는데 그것들이 점차 사라진다는 비판도 있다. 이에 대한 대비도 필요함은 당연한 것이다.

또 하나는 비즈니스가 국제적이기 위해서는 그만큼 리스크가 커진다는 것이다. 국내만이라면 국가의 지도나 규제가 있어 피해는 어느 정도 선에서 해결될 수 있다. 그러나 국제레벨이 되면 세계적 경제상황 또는 비즈니스에 얽힌 재판이나 범죄는 그 규모가 상상을 초월하게 된다. 그렇게 되면 국가 예산 규모에까지도 손실을 입힐 가능성노 있는 것이다. 비즈니스의 국제화를 적극적으로 펼치는 것은 좋은 일이지만 동시에 리스크 관리라는 부분도 충분히 고려해야할 필요가 있다.

신입사원들은 시키는 일에만 매달리지 말고 보다 더 진취적이고 가능성이 큰 미래시장과 분야에 주목할 필요가 있을 것이다.

03

옛 것과 새 것을 적절히 수용하라

❖ 기본적인 가치관과 정서를 간직하려는 노력이 중요

❖ 횡적 조직, 방사선 조직에 걸맞은 발상으로 전환하라

디지로그 시대, 웹 2.0 시대라고 불리는 현대 사회는 산업혁명이나 조선시대 말기에 겪었던 사회변화 이상의 놀라운 변화를 불러오고 있다.

그러나 아무리 시대나 환경이 변해도 인간과 사회의 기본적인 부분은 변하지 않는다. 인간관계에서도 서로 간의 신뢰를 손상시켜서는 어떤 비즈니스도 성립하기 어렵다.

따라서 기본은 어디까지나 지금까지 지켜온 기본적인 가치관

과 사고방식을 지켜가는 것이 중요하다. 개혁과 신선한 발상이라고 해서 과거를 모두 부정해 버린다고 발전하는 것이 결코 아니다.

기존 사회와 질서를 인정하면서도 그 위에 더해서 인터넷과 IT로 대표되는 새로운 기술이나 지식 · 규제완화 후의 생활방식과 룰을 선입관 없이 받아들일 수 있느냐 하는 점이 앞으로의 승부를 가리게 된다.

기존 조직의 경우, 사장을 정점으로 하는 사장 ➡ 임원 ➡ 부장 ➡ 과장이라는 피라미드식의 종적 사회, 이것이 지금까지 기업의 일반적인 모습이었다. 이것이 급속하게 변해 조직의 슬림화와 권한의 위임이 일어나면서 이제는 횡적 조직과 방사선 조직이 기업을 이끌고 있다.

새로운 질서가 생기면서 대기업은 물론, 중소기업의 신입사원들에게는 이런 조직에서 살아남을 수 있는 발상의 전환이 요구되고 있다.

명령만 받고 수동적으로 대응하는 것에서 벗어나 스스로 창의적인 아이디어와 발상으로 조직을 리드하려는 자세와 의욕만이 이 시대를 살아가는 조직원들에게 요구되는 최고의 덕목이다.

04

잠깐! 대결장소가 바뀌었다

❖ 서울, 한국이 아니라 일본, 미국, 전세계가 경쟁의 대상이다

❖ 불리함보다 가능성을 따질 것

세계는 한 지붕이라는 말처럼 이제 끊임없이 인력구조의 경량화를 추구해야만 인건비 면에서 세계와 경쟁할 수 있다. 국내에선 고령화 현상으로 경쟁력이 약해지고 있고 세계는 갈수록 무한경쟁 시대를 맞고 있다. 이러한 다양한 현상은 한국의 현대사를 통해 누구도 경험하지 못한 일이다. 여기에 기업이 처해진 냉엄한 환경이 있다.

그러나 앞으로의 시대가 아무도 경험해보지 못한 미지의 세계라는 것은, 바꿔 말하면 '경험에 의한 핸디캡이 없다' 라는 것이

기도 하다. 핸디캡이 없다는 것뿐만 아니라 고정관념이 없다는 것도 신입에게는 플러스로 작용한다. 자유롭게 발상할 수 있기 때문이다. 새로운 시대의 새로운 무기는 컴퓨터를 중심으로 하는 하이테크 기기와 그와 관련된 부분이다.

정보기술의 변화는 한국뿐만 아니라 전세계의 대결장소가 확 바뀐 것을 의미한다. 이 흐름에 어떻게 대응할까? 그것이 21세기 의 국가와 기업의 번영을 좌우하는 것이다. 개인도 같은 맥락으 로 새로운 기술과 지식으로 승부해야 살아남을 수 있을 것이다.

당신이 무엇으로 이 냉엄한 현실 사회에서 경쟁자들과 승부해 가는 것은 앞으로의 일에 대한 대비와 학습준비, 연구투자와 노 력에서 갈리게 된다. 어디서든 누구와도 항상 승부할 수 있는 실 력을 몸에 익히려는 끊임없는 노력이 필요하다.

05

개인의 권한과 책임이
무한대로 커지고 있다

❖ 단순화와 권한의 위임이 진행되고 있기 때문

❖ 책임과 권한을 소화하기 위한 준비를 해 둘 것

기업 형태가 변하는 큰 이유 중 하나는 고객의 개별요구에 세심하게 대응할 필요성이 높아졌기 때문이다. 대기업이라도 조직은 세분화, 또는 자子회사화 되어 현장 사람들에게 권한이 위임되는 경향이 더욱 강해진다.

개별적인 고객 니즈에 빠르게 대응하기 위해서는 아무래도 조직 단순화와 권한 위임이 필요해지는 것이다. 이런 시대에 기업은 이 두 가지 문제점을 배려하지 않으면 살아남기가 힘들어진다.

권한에는 경험과 거기에 동반하는 판단력이 필요하다. 상황의 변화를 정리하고 분석하여 결정하기 위해서는 상당한 현장경험과 감각이 필요하기 때문이다. 그러니까 종래에는 일정 근속 기간을 거쳐서 관리자가 되지 않으면 권한이 주어지지 않고 책임도 생기지 않았다.

하지만 이제는 특별히 뛰어난 기능을 가진 컴퓨터가 아니더라도 재고관리가 가능하고 정보를 분석해낼 수 있기 때문에, 일정 부분의 의사결정은 현장의 실무 담당이 할 수 있게 되었다. 입사 3년, 5년 정도면 책임과 권한을 갖게 되는 것은 당연한 일이고 심지어 신입사원이라 할지라도 자신이 책임질 일은 철저하게 책임지는 시대가 열리고 있다.

고객과 기업의 거리가 가까워지는 것, 개별적인 니즈에 대한 대응이 요구되고 있다는 것, 이러한 요인들을 분석하면 신입인 당신에게도 일에 대한 권한이 곧 주어질 것이라는 것은 분명하다. 물론 권한 뒤에는 책임도 따라온다. 경험을 쌓고 판단력을 길러 내가 지향하는 가치에 목숨을 걸어야 할 그날을 대비하자.

06

과녁을 확실히 세워라

❖ 목표를 세분화하면 그만큼 성공도 가까워진다

❖ 천리길도 한 걸음부터

세계와 우리나라의 변화를 직시하고 냉엄한 비즈니스환경을 파악한 뒤 생각하는 것은 독자 여러분의 몫이다. 당신은 앞으로 어떻게 되어 가고 싶은가?

회사에서 장래에 어떤 일을 하고 싶은가? 좀 더 파고들자면 어디까지 출세하고 싶은가? 그렇지 않으면 독립해서 회사를 일으키고 싶다고 생각하는가?

과녁이 확실하게 서 있어야 화살을 쏘아 보낼 수 있다. 이처럼 인생의 과녁도 정확하게 세워야 목표를 정조준 할 수 있는 것이다.

자기 자신의 장래상을 가능한 한 선명하게 구체적으로 생각해 보자. 인간은 목표가 명확하게 정해지면 그것을 향해 노력하기 쉬운 법이다. 목표가 확실하지 않은 채로 '노력하자'고만 해서는 큰 성과를 얻을 수 없다.

장기 목표만으로는 불충분하다. 장기의 목표를 달성하기 위해, 중기적으로 무엇을 해야만 하는가, 그리고 단기적으로는 무엇을 해야만 하는가를 따져보아야 한다는 것이다. 목표설정을 세분화하면 할수록 성공에 한걸음 다가가는 법이다.

그러면 큰 장기 목표를 달성하기 위해, 오늘 당장 하지 않으면 안 되는 일이 보일 것이다.

긴 계단을 한 발 한 발 올라가는 것처럼 매일의 목표를 달성해 가면 착실하게 큰 목표에 접근해갈 수 있다.

벼락의 정체가 전기라는 것을 증명해낸 유명한 프랭클린은 과학자이면서 동시에 정치가로서도 유명한 인물이다. 그는 젊을 때부터 구체적인 목표를 세워 노력한 결과, 그것을 실현시킬 수 있었다. 목표설정의 귀중함을 이해할 수 있는 위인들의 이야기는 무궁무진하다.

07

디지로그 시대에 걸맞은 업무를 개발하라

❖ 디지털과 웹 2.0 시대의 변화를 적극 수용하라

❖ 디지털과 아날로그의 결합 모델을 연구하라

인터넷이 일반 사회에까지 보급되면서 디지털 문화도 급속하게 확산되었다. 작은 전자기기부터 심지어 항공기, 선박, 로켓에 이르는 모든 분야에 디지털 기술이 보급되었다. 이른바 디지털 만능시대가 열린 것이다. 그러나 0과 1로 대표되는 디지털 문화는 아날로그로 대표되는 기존의 질서와 문화문명을 모두 부정하는 것이 아니다.

오히려 디지털과 아날로그의 적절한 융합 기술이 새로운 분야로 각광받고 있고, 그에 따른 파생 첨단 분야로의 관심도 커지고 있는 상황이다.

신입사원들은 이런 디지로그 시대의 흐름을 읽을 수 있는 눈을 가져야 하며 그에 걸맞은 업무 변화를 연구하고 공부하는 사람이 되어야 한다. 기업의 현실이나 비즈니스의 방법, 일의 스타일은 디지로그 시대에 따라 급속하게 변화하는 중이다. 디지털과 아날로그 단독시장만으로는 성공하기 어렵다는 것이 전문가들의 공통된 생각이다.

이 변화를 따라잡으려면 시대를 읽을 수 있는 눈과 감각을 길러야 한다. 신입사원은 이제 대학을 갓 졸업하고 나온 터라 이 모든 것에 서툴 수밖에 없다. 게다가 회사 업무도 생소하다보니 안팎으로 할 일은 많고 배워야 할 것은 태산처럼 많은 법이다. 그러므로 술자리를 쫓아다니며 친구나 선후배와 어울리며 세월을 보내기에는 시간이 턱없이 부족하다는 사실을 잊지 말라. 전문지를 읽고 새로 나온 논문도 즐겨 읽도록 해야 한다.

노력하지 않는 신입사원은 금방 구세대 사원이 되어버린다.

08

IT의 흐름에 주목하라

❖ 정보기술의 혁신이 미칠 영향과 결과를 예측할 것

❖ IT혁명은 생활과 정신의 변화까지 바꿀 가능성을 내포하고
  있다

IT 기술의 발달은 통신기술의 고속화, 대용량화와 함께 진행
되어 그것들이 융합해 정보기술의 혁명을 이룩하고 있다. 문자
데이터의 송수신뿐이었던 것이 화상이나 동영상으로 거의 실시
간으로 정보를 주고받을 수 있게 되었다.

저가 PC의 등장에 따라 이제는 거의 모든 일반가정에 퍼스널
컴퓨터가 보급되었고, 개인의 휴대전화나 PDA같은 모바일 기기

로도 인터넷에 접속할 수 있는 시대가 되었다. 그로 인해 업무에서의 활용뿐 아니라 가정·개인을 대상으로 다양한 비즈니스가 가능하게 됐다. 즉, 비즈니스 스타일 그 자체를 바꾸어 가고 있는 것이다. 이것이 'IT혁명'이라고 명명된 이유이다.

한국에서도 전자상거래 시스템이 빠르게 확립되어 장보기나 기차·비행기 예약 등은 물론 전자정부 구축으로 각종 증명서 발급도 이뤄지고 있다. 일상생활의 지불결제까지 인터넷으로 가능하게 되었으며, 기업은 홈페이지를 만들어 자사정보 공개나 인재채용, 상품 판매 등을 행하고 있다.

최근에는 가정용 TV를 필두로 냉장고, 전자레인지 등이 인터넷과 연결되면서 일반 가정까지도 IT화가 급속하게 진행되고 있다.

이처럼 IT혁명은 기업의 첨단산업이나 비즈니스 현장뿐 아니라 가정까지 급속하게 파고들어 우리 생활의 모든 것을 변화시켜 가고 있다.

그런데 이 모든 변화의 흐름에서 내가 설 자리는? 그 물음에 답할 수 있는 신입사원이 되어야 한다. 모두들 나 정도는 할 수 있다. 모두가 나와 경쟁자다. 그런 생각을 하고 있노라면 무한 경쟁 시대의 공포가 나를 짓누르기 마련이다. 정신을 바짝 차리자. IT 기술이 변화하는 것을 따라잡는 것보다 더 중요한 것은 내가 그 중에서 무엇을 더 잘 알고 더 잘 하며 더 즐기고 있는 것인가 이다. 이 질문에 답할 수 있는 당신의 미래는 어둡지 않다.

Note.

09

업계의 틀이 사라진다

❖ 업계의 틀은 점점 무너지고 있다

❖ 고객 니즈에 유연하게 대응하는 자세를 가져라

우리나라는 대한민국 건국 이후 60년간 계속되어온 관료기구와 그에 의한 행정지도 하에서 진행되어온 관치 금융시스템을 버리고, 약육강식주의라고 할 만한 유럽과 미국식의 시스템으로 변화하고 있는 중이다. 이미 많은 외국의 금융회사가 한국에서 기업 활동을 하고 있다.

또한 지금까지 금융과는 아무 관계도 없었던 기업이 금융과 관련된 회사를 만들거나 관련 업무에 새롭게 참여하고 있다. 종래의 '업계'라는 틀이 점점 무너지고 있는 것이다. 증권과 금융이 통합되고 있는 지금의 변화도 같은 맥락이다. 이것은 금융업계뿐만이 아니다. 정도의 차이는 있어도 모든 업계에 흘러넘치는 변화의 흐름이다.

업체간이란 말이 있다. 업계의 경계가 허물어지면서 영화와 문학, 출판과 공연, 전자와 영상 등 각가지 분야가 서로의 영역을 넘어 새로운 시장을 만들어내고 있다.

이 인식이 결여된 기업이나 업계는 도태되고 신시대에 적응하는 기업이 성장해가는 그런 시대가 된 것이다.

인터넷이 업계에 미치는 영향이 커지면서 종래에 가지고 있던 시장의식이나 마켓개념을 고수하는 것이 어려워지고 있다. 고객에 구애받지 않고, 인터넷을 중심으로 하는 새로운 툴로 고객과 마켓을 재구축한다는 사고방식으로 접근하는 것이 바로 현대 상황에 대응하는 자세이다.

그러한 인식으로 행동하는 기업이나 사람이 성공하는 것이다. 인식을 가지고 있든지 행동을 하든지, 어느 한 쪽이라도 가지고 있는 사람은 어떻게든 살아남는다. 그런 의미에서 새로운 생각을 가진 사람들에게 커다란 기회가 있다. 시대의 격변기에는 선입견이 없는 것과 사고방식의 유연함과 행동력이 커다란 힘이 되는 것이다.

10

대한민국의 변화를 주도할
큰 흐름을 읽어라

❖ 변화의 곡선을 정확히 읽어내는 것부터 시작하라

❖ 관심이 있으면 눈이 열린다

사회는 몇 년 내로 쉽게 변하지는 않지만 지내놓고 보면 큰 흐름이 바뀌곤 하는 것을 경험하게 된다. 그러므로 사회의 큰 흐름을 파악하려는 노력을 게을리 하면 안 된다. 향후 대한민국의 변화를 주도하게 될 가장 큰 흐름들로는 어떤 것이 있을까?

출산율 저하

부모 세대의 인구수 자체가 많지도 않지만 출생률의 저하로 인해 태어나는 아이 수가 적어지고 있다. 앞으로는 고령사회의 복지 부담이나 외국인노동자의 수용 등이 큰 사회문제가 될 것이라는 것을 누구나 짐작하지만 이것을 기업적인 측면으로 연결하는 사람은 드물다.

일본 인구는 1억2천7백만 명이고, 우리나라는 5천만 명이다. 내수시장만 봐도 우리는 경쟁력이 떨어진다. 그러나 시장을 좀 더 자세히 보면 길은 있다. 단기적으로는 황금돼지해의 영향으로 4~5년 뒤 유아시장이 크게 확산될 가능성이 높다.

유아도서시장, 유아용품시장, 젊은 부부의 육아설계시장(보험, 교육, 질병)도 커질 것이다. 변화하는 시장을 보는 눈이 있으면 이런 것을 놓치지 않는 법이다.

고령화

수명이 늘어난 원인은 의료기술의 발달, 위생의 향상, 풍부한 식료 등이다. 장수 현상은 계속될 것이다. 이 시장은 노후복지시장, 보험과 병원시장, 노후용품시장, 고용시장 등에서 새로운 수요를 불러올 것이다. 향후 우리가 잡아야 할 중요한 잠재 시장이다.

규제완화

새 정부가 들어서면서 규재완화의 목소리가 높아지고 있다. 이것은 앞으로도 계속 된다. 규제와 완화는 일종의 순환(규제 ➜ 과도함 ➜ 완화 ➜ 과도함 ➜ 규제)이기 때문이다. 완화하는 것이 있으면 규제하는 것도 있다. 게다가 새로운 미디어나 기술에 대해서는 새로운 룰(규제)이 필요한 법이다.

규제완화와 규제 집중은 여전히 진행 중이다. 이 흐름에 주목하면 보이지 않는 싸이클이 있는 것을 알 수가 있다. 고저장단의 싸이클만 잘 파악해도 기업에서 우리가 할 일과 하지 말아야 할 일을 정확히 잡아낼 수 있다.

정보혁명

인터넷이 시대흐름의 중심이 된지 오래다. 현 상황을 파악하고 일의 진행방식이나 자기자신의 생활방식에 맞는 계획을 세워야 한다. 시대에 따라 그 흐름은 변한다. 지금 현상에 역행하지 않고 시대에 맞는 발상을 하는 것, 항상 지금의 현상을 파악하는 노력이 필요하다.

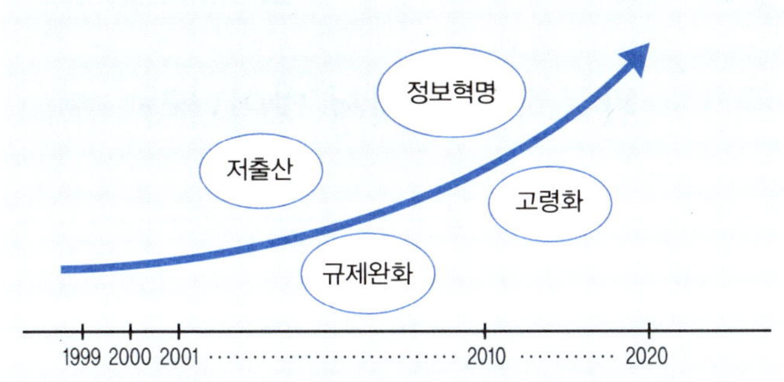

〈수년 내에는 변하기 힘든 사회의 큰 흐름〉

11

관료적 조직에서 벗어나라

❖ 대리, 과장, 부장, 임원의 직급 체계가 무너지고 있다

❖ 변화에 재빠르게 대응하려는 자세가 필요하다

　세상이 급하게 변화해 가다 보니 이제 상당 수 기업에서 관료적인 냄새를 빼고 실무 중심의 기업 시스템을 갖추어 가는 곳이 많아지고 있다. 철밥통이라던 공무원 사회에서도 능력 위주의 시스템이 도입되고 있다. 관료적 조직의 경직성을 벗어버리고 실무자가 곧 전문가라는 생각으로 최고 의사결정권자에게 직접 지시받고 명령을 전달하게 되는 상황이 여기저기서 연출되고 있다. 대리가 과장 눈치보고 과장이 부장 눈치 보던 식의 관료적 체

계로는 글로벌 시대에 신속한 의사결정과 책임 부여가 어려운 것이 오늘날의 현실이다.

그래서 조직 체계가 빡빡한 대기업에서조차 20대, 30대 임원들이 등장하고 질서 파괴, 계급 파괴가 일어나고 있다. 이 때문에 나이 먹은 관리자들은 불평이 늘어나고 조직의 위계질서가 없어졌다고 푸념하고 있다.

그러나 현대에는 이미 그 같은 사고방식은 낡은 것이 되었다. 왜냐하면 격변의 시대에는 무엇보다도 변화에의 대응력이 요구되기 때문이다. 조직은 큰 것보다도 어느 정도 작은 쪽이 재빠르게 대응할 수 있다.

조직이 크면 아무래도 의견 조정이나 행동 결정이 늦어진다. 그 결과, 큰 비즈니스 기회를 놓쳐버리는 경우도 생긴다. 그러므로 이제는 젊은 세대들이 중심이 되고 경륜 있는 관리자들이 뒤를 빗쳐 주는 식의 비즈니스 체계도 연출되고 있다.

변화의 물결을 타지 못하면 도태될 수밖에 없는 것이 현대 조직의 특성이다.

12

고객 니즈와 회사 방침, 나의 목표를 일치시켜라

❖ 고객의 요구는 다양화하고 있다

❖ 고객의 요구에 응하면서 경영의 효율을 떨어트리지 않는다

90년대 초까지만 해도 대부분의 기업이 효율추구에 의한 이익 증대를 목표로 해왔다. 그 대표적인 것이 대량생산에 의한 코스트다운이다. 기업이 대량생산을 하면 그 상품을 팔지 않으면 안 된다. 그렇지 않으면 메이커는 대량재고를 안고 도산하게 되기 때문이다.

그래서 소비를 확대하기 위해 메이커는 고객에게 재구매를 촉구하고 있다. 차례차례 모델체인지를 통해 구모델을 진부화시켰

다. 예를 들면 자동차나 가전업계가 그렇다. 새 모델을 잇달아 발표해 재구매를 촉구하는 전략이 성공을 거두어 온 것이다.

그러나 시대가 더 다변화하면서 이 정도의 변화로는 대응하기가 어려워졌다. 소비자 의식의 변화로 대량생산 ➡ 대량소비의 순환 체계는 이미 방향을 전환하고 있다. 현대에는 사람들이 개인의 가치관을 중시하는 생활감각을 갖기 시작했다. 그래서 기업은 다품종 소량생산의 판매 전략을 취하는 방향으로 진행되고 있다. 이것은 개별 고객의 개별 니즈에 재빠르고 세심하게 대응한다는 뜻이다. 이른바 매스커스터마이제이션 시대의 도래다.

이 방법은 능률추구와는 역방향의 생각이다. 즉 능률이 나쁜 일을, 경영효율을 떨어뜨리지 않고 어떻게 진행해갈까가 기업생존의 포인트가 되고 있는 것이다. 많은 기업에서는 기업생존을 위해 컴퓨터를 사용하여 앞에서 언급한 것처럼 언뜻 봐서는 상반되고 이율배반적인 테마에 도전하고 있다.

‘고객의 니즈를 잡는다’고 입으로 말하는 것은 간단하지만 실행은 어렵다. 그러므로 ‘고객 니즈’에 회사의 흐름을 맞출 수 있는 기업만이 살아남을 수 있는 것이다. 신입사원의 감각은 여기에 맞추어져야 한다. 고객은 왕이다.

13

환경을 무시하면 도태된다

❖ 환경 배려가 기업 사활을 지배한다

❖ 지구환경을 의식한 긍정적 사고방식 필요

'지구를 깨끗하게'라는 말을 최근 자주 듣는다. TV광고 등의 캐치프레이즈처럼 들리지만 결코 그렇지 않다. 지구환경을 깨끗하게 한다는 것은 21세기의 전세계적인 과제이고, 앞으로 생산활동의 대전제가 된다고 말할 수 있다.

한국은 산과 강, 평야, 해변 등 자연적으로 혜택 받은 금수강산이라는 의식 때문에 환경에 대한 배려라는 의식이 별로 없었다. 그러나 유럽과 미국은 다르다. 특히 공장이나 자동차가 원인인 대기오염에 대해서는 이전부터 엄격한 태도를 취해왔다. 이 때문에 한국도 공해나 환경보호에 관한 기준을 유럽과 미국 수준으로 높이는 것이 요구되고 있고 요즘은 그에 따라 환경을 무시하고는 기업이 살아남기 어려운 시대가 되었다.

일상생활 속에서도 가능한 한 환경을 지키는 의식을 갖지 않으면 안 된다. 쓰레기 분리를 성실하고 정확하게 행한다든지 전기나 가스, 수도를 낭비하지 않는 등 사사로운 일조차도 기업의 입장에선 중요한 절약의 방법들이 된다.

이제는 이산화탄소 절감이 곧 돈이 되는 법제도가 실현되는 상황에까지 이르고 있다. 그러므로 신입사원은 어떻게 하면 환경에도 도움이 되고 회사에도 도움이 되는 아이디어가 없을까를 찾는 데 최선의 고민을 할 필요가 있다.

또한 사무실에서도 쓸데없는 복사를 하지 않는다든지, 업무용 자동차를 낭비적으로 운행하지 않는 등 항상 지구의 환경을 생각하고 행동하는 모범수칙이 몸에 배도록 노력해야 한다. 왜냐하면 소비자가 기업을 보는 시각이 환경을 배려한 상품인가, 판매방법이나 선전, 공장설립 등 경영방침이 환경을 생각하여 행해지고 있는가라는 데까지 미치고 있기 때문이다.

‘에코 펀드Eco Fund’ 라는 말이 있다. 이것은 환경에 대한 배려가 제대로 된 기업은 장래적으로 환경보호에 투자하는 부담액이 적어진다는 예상 하에 앞으로 우량주가 될 것이라는 생각으로 만들어진 펀드이다.

이처럼 앞으로는 ‘환경’ 이라는 키워드를 무시하고 기업 활동을 할 수는 없는 세상이 되었다.

Note.

14

Downsizing, 개념부터 익혀라

❖ 다운사이징이란 단지 규모를 축소하는 것이 아니다

❖ 다운사이징의 최종목표는 고객만족이다

사람만 다이어트 하는 것이 아니다. 가계와 기업, 정부의 경제 세 주체도 모두 다이어트 붐이다.

특히 기업에 있어 다이어트, 다운사이징이란 기업의 군살을 빼서 슬림한 체질을 만든다는 것이다. 즉 쓸데없는 설비나 인력을 줄여 기업체질을 강화하려는 것이다. 이것은 단순한 기업축소와는 다르다. 어디까지나 쓸데없는 부분을 삭감하자는 것이다. 그러니까 다운사이징과 동시에 필요한 부서의 인원을 늘리는 일도 일어날 수 있는 것이다.

다운사이징의 최종목표는 '기업의 번영과 고객의 만족'이 아니면 안 된다. 아니 고객만족이 먼저 있어야만 하므로 '고객만족과 기업의 번영'이라고 할 수 있다.

산에서 길을 잃었을 때 생존을 위한 기본은 최초로 길을 잃어버린 곳으로 돌아가는 것이다. 다운사이징의 목적도 기업창업의 원점으로, 그 정신으로 되돌아가는 것에 있다. 가마의 경우를 생각해 보자. 4~6인이 짊어질 가마라면 전원이 힘을 모아서 짊어질 것이다.

하지만 40~60인이 짊어질 대형가마라면 어떻겠는가. 전원이 짊어질 의지가 있어도 신장 등의 관계로 역할이 없는 사람이 나온다. 게다가 '나 하나 정도야' 하는 사람도 몇 명은 나올 것이다. 하지만 4~6인이 짊어질 가마로 돌아가면 전원이 생기 있게 짊어질 것이다. 그것이 다운사이징의 효과이다.

신입들은 고객만족의 실현을 제일로 하는 경영 자세를 배워야 이런 시대의 흐름에 적응할 수 있는 것이다.

15

개인과 기업의 새로운 관계를 정립하라

❖ 기업 전체를 제대로 눈여겨볼 필요가 있다

❖ 조직 속에서 핵심이 될 인재를 목표로 한다

사회가 변하고 기업이 변화해 가면 당연한 일이지만 거기에 속하는 사람과의 관계도 변화해간다. 평생직장이라는 종래의 시스템은 없어지고 새로운 기업과의 관계가 성립되고 있는 중이다.

과거에는 기업을 위해 목숨을 건다는 종업원들이 수두룩했다. 그러나 이제는 아무도 그런 식의 맹목적 희생을 원하지 않는다. 그러면 기업 속에서 일하는 개인은 어떠한 의식으로 기업과 사귀어가면 좋을까.

우선 기업 전체를 제대로 눈여겨보는 일이다. 지금 자신에게 부여된 일은 회사 전체 속에서 어느 위치에 있고 어떤 역할인가 파악하는 자세가 중요하다. '시키니까 한다'는 의식으로 일을 하면 진보가 없는 별 볼일 없는 사원이 되기 쉽다.

다음으로 회사가 현재 하고 있는 업무, 앞으로 하려고 하는 업무가 사회적으로 어떤 의의를 가지고, 사람들에게 어떤 도움을 주고 있는가를 확실히 인식하는 것이다. 기업의 활동이 사회적으로 의미가 있고, 시대의 흐름에 따르는 것이라면, 그 일은 반드시 발전해갈 것이다. 그러한 일에 종사하고 있는 사원 한 명 한 명의 생활도 향상될 것이다. 자신이 하고 있는 일이 사회적으로 어떤 의미를 가지고 있는가, 그것을 확실히 함으로써 일에 대한 자부심과 자신감이 생길 것이다. 그 같은 의식을 가진 후에 조직 속에서 하루라도 빨리 핵심이 되는 인재가 되겠다는 목표로 임해야만 한다. 핵심이 될 인재란 그 회사에 이익을 가져오는 능력을 가진 인재를 의미한다. 그것은 구체적으로 매출(이익)이라는 경우도 있겠고, 훌륭한 리더십을 발휘하는 경우도 있다. 우리는 흔히 '능력'이라고 간단히 말하지만 그 능력 안에는 유형무형의 다양한 것이 있다는 것을 기억해 두자.

16

'일'을 생각하는 마음을 바꿔라

❖ '일'이라는 말에는 크게 4가지 의미가 있다

❖ 어차피 할 일이라면 즐겁게 해치울 것

통상 우리들이 사용하고 있는 '일'이라는 말에는 영어로 4가지의 의미가 있다.

Work

라이프 워크처럼 정신적인 충만감을 느끼는 일이다. 일은 지시를 기다리는 것이 아니라 자신이 적극적으로 접근해가는 것이다.

Business

'라이크 비즈니스' (사무적)처럼 이익을 중심으로 해서 행하는 일이다.

Job

"시급이 얼마?"와 같이 지시에 따르는 아르바이트 감각의 일이다.

Duty

유무를 말할 수 없는 노동이다. 한국어로는 병역이나 징역과 같은 의무를 지닌 '역'이라는 말로 나타낸다.

그렇다면 여러분은 앞으로 회사에서 해 나갈 일을 위의 어느 것이라고 생각하는가. 적어도 최초 5년은 훈련의 시기이다. 급료나 휴가, 또한 잔업 등에 대해 꼼꼼하게 생각하기 전에 적극적으로 일을 배워 인맥과 정보망을 넓혀 자신의 특기나 매력을 몸에 익혀야만 한다. 급여나 보너스를 노동의 대가라고 생각하면 타인과의 차이가 마음에 걸릴 것이다.

이 5년(개인적으로는 2~3년)을 자신의 이상 실현을 위한 준비기간으로 받아들이면 어떨까? 직무를 배우고 동시에 돈을 받을 수 있다는 건 학창시절에는 없었던 일이다.

눈앞의 이익이 아닌 큰 계산기를 두드리자. 효율, 신용, 이익의 이 3가지를 밸런스를 살펴 생각하며 행동하자. 자신의 모습을 명확하게 확립해 일을 처리해가자. 이것은 되고 저것은 안 된다는 식의 고정관념을 버리자.

그러나 '실력주의 시대'라는 것을 감안하면 기업보다 개인은 약한 입장이 되기 쉽다는 것을 염두에 두어야 할 필요는 있을 것이다. 그리고 어차피 해야 할 일이라면 즐겁게 긍정적으로 받아들여 멋있게 해 치우자.

17

회사와 사원, Give & Take의 관계다

❖ 회사에 무엇을 공헌할 수 있을까를 생각한다

❖ 회사의 주인이 나라고 생각하자

과거의 회사는 입사하면 조금씩 연차대로 출세해 승진하는 것이 보편화되어 있었기 때문에(물론 어느 정도 실력을 고려했겠지만) 연장자가 지위도 높고 수입도 많았다. 따라서 기업조직으로서의 위계질서와 연공서열이 분명했다.

하지만 해외의 기업이 본격적으로 한국에 진출해 한국기업도 유럽이나 미국기업처럼 어쩔 수 없이 변하게 되면서 이제는 구조

조정과 서열 파괴, 연공 파괴가 일상화되어가고 있는 중이다. 이것은 선악을 논할 것 없는 현 시대의 흐름이다.

앞으로의 기업은 필요한 기술을 가진 사람을 필요한 때에 고용하는 방식으로 점점 전환되어 갈 것이다. 예를 들면 건축회사가 새집의 건축을 수주 받았을 때의 진행방법에 가깝다고 할 수 있다. 건축회사는 비용, 일정 등을 생각해 목수, 미장이, 배관기술자, 전기관계의 기술자 등을 포함하는 프로젝트 팀을 짜서 일을 진행해 나간다.

이처럼 기업과 개인의 관계는 Give & Take의 계약관계에 가까워진다. 과거 기업에서는 입사 2~3년차 사원은 일도 급여도 병아리 취급이었지만 앞으로는 다르다. 일과 급여는 개인의 실력에 준해 엄격하게 균형을 취하게 될 것이다. 그렇지 않으면 기업은 존재하기 어려울 것이다. '회사에 무엇을 요구할까가 아니라 회사에 무엇을 공헌할 수 있을까'를 묻는 시대가 되었고, 한편으로는 나는 이 회사를 통하여 무엇을 얻을 것인가를 진지하게 생각하는 시대가 되고 있다.

그러나 비관할 필요는 없다. 엄격하게 실력을 묻는다는 것은 일을 통해 전문능력을 보다 빨리 습득할 수 있는 가능성이 높기 때문에 오히려 생존 경쟁력을 키워주는 고마운 일이라고 생각하면 된다. 문제는 주인의식이다. 내가 회사의 주인이라고 생각하지 않는 한 내 경쟁력은 그저 회사의 구성원의 하나로만 남아 있다가 언젠가는 도태될 것이 뻔하기 때문이다.

Note.

18

자신의 Market Price를 헤아리자

❖ 능력에 따라 연봉이 결정되는 무한 경쟁시대

❖ 나만의 스킬, 전문화 과정이 키포인트

지금까지 한국의 기업사회에서 급여액은 입사 연차를 보면 짐작할 수 있었다. 그러나 지금의 고용관계는 무엇보다도 시장원리가 우선시 된다.

그 시장에서 얼마나 능력을 발휘할 수 있을까가 그 사람의 급여액을 결정하는 큰 요인이 되는 것이다. 이제는 시장에서 자기 자신의 '마켓 프라이스'를 의식해 그것을 향상시키지 않으면 시장에서 버림받는 사태가 올 것이다. 마켓 프라이스란 일의 레벨에 있어서 당신의 시장가치이다.

예를 들면 판매부문이라면 세일즈 능력이겠고, 기획부문이라면 기획입안 능력과 그것을 추진할 능력이다. 또 그것들을 조직 속에서 관리하고 부하를 교육하는 능력도 포함된다. 즉 비즈니스 맨으로서의 종합적인 '실적을 올릴 수 있는 능력'이라는 것이다.

팀장은 팀장대로 신입은 신입대로 마켓 프라이스가 매겨진다. 마켓 프라이스의 평가 기준으로서는 기업경쟁에 견뎌내고 그 경쟁을 이겨낼 수 있는 현재 상태에서의 당신 실력을 묻는 것이다.

그 때문에 넓은 의미에서의 스킬을 몸에 익힐 필요가 있다. 이것은 단순한 자격이나 직함과는 완전히 별개의 것으로 매출을 늘리거나 상품을 개발하거나 하는 것뿐만 아니라 사람과 접하는 능력이나 사람을 관리하는 능력을 포함하여 나만이 할 수 있는 전문적인 능력을 뜻하는 것이다.

19

급여 이상의 일을 하는가

❖ 급여만큼 일한다는 자세를 버려라

❖ 지시한 일을 처리하는 것에서 벗어나 창의와 상상력으로
승부하라

이제는 비즈니스맨에게 요구되는 능력의 가장 중요한 측면이 판단력과 응용력이다. 이것을 다른 말로 표현하면 창의력과 상상력이다. 이 두 가지를 어떻게 발휘할 수 있을가로 급여 차이가 난다. 지금까지 한국은 기업이 제공하는 '물건'이나 '서비스'를 고객이 받아들이는 시스템이었다. 물건이 부족한 개발도상국의 시대에는 이것으로 충분했다.

그러나 소비자의 감각이나 기호에 잘 맞는 상품이 아니면 좀처럼 팔리지 않는 시대가 됐다. 선택폭이 적은 시대로부터 소량 다품종시대로 이동한 것이다. 이렇게 되자 현장 레벨에서의 판단이나 사고방식이 매우 중요해졌다.

이미 작은 사안에 대해서 결재하는 권한과 책임은 담당자의 판단에 위임하고 있다. 지시만을 기다리는 것은 통용되지 않는다. 그것만으로는 출세는 꿈도 꾸기 어렵다. 지시한 일을 제대로 하는 것뿐이라면 비정규직 사원으로 충분하다.

판단이란 매우 넓은 의미를 포함하지만 비즈니스에 있어서 판단의 기준은 중요성과 긴급성 두 가지이다. 중요하고 긴급한 일을 제대로 처리하면 대개의 경우는 합격이다. 그 위에 자기 나름의 상상력과 응용력을 발휘하는 것이다. ‘나는 급여가 적기 때문에 시키는 일만 하면 된다’고 생각하는 사람은 평생 남의 뒤만 따라다니다 직장을 그만 두게 될 것이다.

급여란 ‘급여’ 이상의 일을 하는 사람에게 더 붙어 다니며 주머니를 불려주게 된다는 사실을 잊지 말자.

20

학교 공부보다 더 열심히 사회 공부에 매달려라

❖ 남들이 못하는 독자적 기술이나 능력을 몸에 익혀라

❖ 스스로 개척하지 않으면 열매는 없다

이미 기업사회에서 평생직장은 기대할 수조차 없다. 일본과 한국의 가장 큰 기업관의 차이가 여기서 시작된다.

이제는 실력 없는 직장인은 도태될 뿐이다. 바꿔 말하면 실력주의 사회가 된다는 것이다. 취직하고 나면 적당히 해도 뭐든 된다는 시대는 사라진 셈이다.

직장인으로서는 한 번 취업하면 끝까지 가는 것이 좋은데 이 눈치 저 눈치 살피며 살아남기 위한 고충까지 곁들이게 됐으니

반가운 일은 절대 아니다. 그러나 단순히 생각하면 엄청나게 스트레스가 쌓일 만하지만 거꾸로 생각하면 실력만 있으면 나이와 관계없이 그에 맞는 보수를 얻을 수 있다는 것이다.

내가 노력한 만큼 보수도 높아진다는 것은 자본주의적 발상에 가장 걸맞은 개념이다. 무서워 할 필요가 없다. 사회적 분위기가 나를 도전의식을 갖추도록 요구하는 마당에 내가 이를 무서워서 피한다면 앞날이 걱정되지 않겠는가.

그러면 이러한 시대에 기업이 요구하는 인재상에는 어떤 조건이 있는 것일까? 우선 사회인으로서의 상식이나 지식을 가지고 있어야 함은 당연하다. 거기에 남이 흉내 내지 못하는 강력한 특기를 가지고 있는 사람이 요구된다.

대충 뭐든지 할 수 있지만 특히 눈에 띄는 것이 없는 제너럴리스트(Generalist)보다도 무언가 특기를 가진 스페셜리스트가 필요한 것이다.

무개성으로 상사의 눈치만 살피며 출세하던 시기는 이제 지났다. 실력만 갖추면 큰소리치며 버틸 수도 있고 그에 따른 높은 연봉도 얼마든지 가능해졌다. 20대, 30대 억대 연봉 사원의 꿈이 결코 꿈이 아닌 시대가 된 것이다.

실제 업무를 하면서 일과 연관된 분야를 의식적으로 공부하는 등 자기만의 기술이나 기능을 몸에 익히는 것이 중요하다. 이처럼 타인에게는 없는 독자의 기술이나 능력을 '코어 컴피턴스(Core Competence : 코어＝중핵적인, 컴피턴스＝능력)'라고 한다. 이런 핵심적인 능력을 갖추게 된다면 미래 사회나 조직에서의 출세는 확보된 것이나 다름없다.

한편 이제 기업의 비즈니스는 개인플레이로 할 수 있는 것은 거의 없다. 팀별 단위별 공략이며 많은 경우 프로젝트팀 개념으로 일이 진행된다. 따라서 아무리 개인적으로 훌륭하다 해도 타인과 함께 서로 협력해 일을 진행하는 능력, 즉 협조성이 중요시된다.

이처럼 구성원으로서의 조화성도 조직 내에선 대단히 중요한 점수를 좌우하게 된다는 사실을 잊지 말자. 또 학창시절과는 달리 앞으로는 자기의 책임으로, 자기가 선택한 분야를 공부해가지 않으면 안 되는 세상이 되었다. 취업을 위한 준비는 말할 것도 없고, 취업하고 나서가 진정한 공부의 시작이다. 실력을 쌓기 위해 노력하는 것도 하지 않는 것도 자신의 책임이다.

〈팀 내에서는 업무를 수행하는 능력과 특기를 갖는 것이 요구된다〉

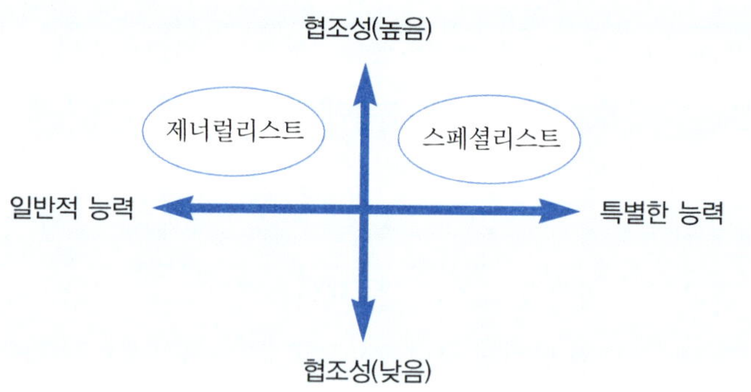

21

회사의 성장과
조직의 변화간의 균형을 꾀하라

❖ 회사는 사람을 키우며 성장한다

❖ 조직의 구조는 프로야구 팀과 닮았다

회사가 설립될 경우 보통은 개인기업에 가까운 형태부터 출발한다. 사장이 머리라고 하면 손발이 되는 4~5인의 사원이 있는 정도이다. 이 규모면 인원이 적기 때문에 회사라는 수레를 전원이 열심히 끌게 된다.

종업원과 톱과의 거리가 짧기 때문에 멤버끼리의 커뮤니케이션도 잘 이루어지고 사안에 대해서 적절한 대응을 취하기 쉽다.

조직의 스타트로서 5인이라는 것은 그 나름대로 의미 있는 적정규모라고 할 수 있다. 의사결정권자가 직접 관리할 수 있고 효율을 상당히 높일 수 있는 인원이기 때문이다. 손정희의 소프트뱅크도, 빌 게이츠의 마이크로소프트도 처음에는 이렇게 시작했다. 이 기업이 성장하면 다음 단계의 적정규모는 25~30인 정도이다.

사장이 전에 자신이 키운 5인에게 관리직의 권위를 부여한다. 그 5인이 5인씩의 부하를, 사장이 몸소 피부로 가르쳐주었던 방법으로 관리하는 규모가 이 단계이다.

이 규모는 5인의 관리직만 키워진다면 매우 밸런스가 잡혀진 중소기업이라고 할 수 있다.

회사의 조직은 프로야구 팀과 닮았다. 감독의 손발이 되는 피칭, 배팅, 수비, 스코어로 등 코치진이 선수를 지도, 육성하여 다른 팀과 경쟁 활동을 전개한다. 이처럼 회사의 규모도 단계적으로 성장해간다.

요즈음 같은 사회 흐름에서 규모의 크기는 오히려 '신속하게 대응할 수 없다' 는 디메리트가 될 수도 있다.

그런 의미에서 사업부제의 도입, 분사제 등 기업의 본체는 적정한 규모를 유지하면서 그 속에 기업 내 소그룹을 만들어 리스크를 줄여가면서 경영하는 방향으로 기업 활동을 전개해 나가야 한다. 신입들은 이런 조직의 변화를 빨리 이해하고 익혀야 한다.

Note.

22

자신의 자리는 자신이 만든다

❖ 자기 나름대로 적극적으로 일하는 것이 '자기자리'를 만드는
   요령
❖ '자기자리'란 일을 함으로써 자신이 만들어 내는 것

회사에 들어가면 인사배치가 행해지고 자기의 소속부서가 결정된다. 이것은 회사가 결정하는 것으로 원칙적으로는 개인의 의지대로 되지 않는다.

여기서 말하는 '자기자리'란 소속부서의 의미가 아니다. 평소 일을 해가는 중에서 자기의 개성을 발휘해 존재감을 어필해간다

는 것이다. 물론 그것이 주위 사람들의 일을 방해하거나 주위와 융합하지 못하게 된다면 곤란하다. 오히려 당신의 존재가 주변에 좋은 영향을 주는 것이 자기자신의 '자기자리'를 빨리 만드는 것이 된다.

허준의 신분상승적 일대기는 너무 잘 알려져 있다. 그는 젊었을 때부터 한없이 어려운 상황에서도 주어진 일을 최선을 다해 수행해 냈다. 한의학 입문 초기에는 온갖 궂은일을 마다 않고 적극적으로 소임을 다했고, 내의원에 들어가서도 성실함과 능력을 인정받아 그 분야에서 최고의 직책까지 올랐다. 그는 분명히 자기가 있을 곳은 자기가 찾는다는 자기정립 정신을 가지고 있었던 것으로 보인다.

시대나 환경은 다르지만 마음 씀씀이나 행동력은 크게 참고가 될 것이다. 매일의 생활 속에서 자기 나름대로 무리하지 않는 범위에서 적극적으로 일상 업무를 처리해가자. 그것이 '자기자리'를 만드는 요령이다. 일을 선택할 때 자기마음대로 하면 선배나 동료에게 폐를 끼칠 수 있다.

남이 하고 싶어 하지 않는 일이라도 성의를 가지고 자기 나름대로 연구하고 최선을 다해서 해보자.

신입사원 시절의 반보 차이는 장래의 백보 차이가 되기 때문
이다. 신입사원 시절의 괴로운 경험은 나중에 귀중한 재산이 될
것이다.

23

새로운 시대에 필요한 무기를 익혀라

❖ 어학은 만고불변의 진정한 무기다

❖ 어느 시대에도 변하지 않는 무기는 휴먼 스킬

시대에 따라 입장에 따라 비즈니스맨의 무기는 달라져 왔다. 예를 들면 80년대만 해도 영어를 할 수 있다는 것만으로도 통역이란 직업은 크게 각광을 받은 일이 있었다. 자동차 운전면허만 있어도 안주할 수 있는 시대도 있었다. 그러나 지금은 그것이 당연한 기술이 되어 특별한 무기라 할 수 없다.

그렇다면 앞으로의 무기란 무엇일까? 가장 먼저 떠오르는 것이 IT(정보기술) 관련이다. IT를 이해하고 그것을 활용해 그 흐름에 뒤지지 않는 것이다. 하지만 기술은 시대가 흘러감에 따라 진화해간다.

지금 당신이 무기라고 생각하고 있는 IT 기술이 3~4년이 지나는 사이에 당연한 것이 되어 버린다. 자신이 소화하고 지켜가야 할 무기의 진보는 제한이 없는 것이다.

그러므로 이제는 IT 관련기술이나 OA(사무자동화) 기술은 최소한의 필요조건이다. 더 나아가서 그것과 관련해 인터넷을 마음대로 활용하기 위한 어학 능력도 다시 준비할 필요가 생긴다. 검색하고 싶은 해외 사이트를 마음대로 볼 수 있으려면 어학 능력에서 출중한 실력이 요구되는 것이다. 일본어, 중국어, 아랍어 등 제 2외국어를 할 수 있으면 훨씬 대우받게 될 것이다. 신입들은 어학 실력이 부족해서 냉대 받는 기존 사원들이 얼마나 많은지 상상도 못할 것이다.

그런데 이런 어학 실력 같은 구체적인 무기로 뒤처지지 않는 것도 필요하지만 이것들은 어디까지나 툴(Tool)이다. 병행해 준비해야 할 것은 휴먼 스킬이다. 이것은 인간으로서 사회에서 살아가는 이상 빠트릴 수 없는 필수 생존 기술이다.

그 하나는 자신의 생각을 정확하게 상대에 전달하고 상대의
할 말을 정확히 받아들이는 능력이다. 여기에는 '혼나다 · 혼내
다, 칭찬하다 · 칭찬받다, 격려하다 · 격려받다' 등의 인간관계와
관련된 상대적인 대인관계술이 포함된다. 이러한 것들이 인간관
계 속에서 밝고 부드럽게 흘러가도록 하면 더할 나위 없이 좋다.

새로운 시대의 무기와 휴먼 스킬. 이것을 몸에 익히면 당신은
비즈니스맨으로서의 무기를 양손에 들게 되는 것이다.

Note.

24

돌 위에서도 3년을 버티는
끈기가 필요하다

❖ 어떤 경험이라도 많은 것을 배우려는 자세가 중요

❖ 불만을 말하지 않고 힘껏 해 보려는 긍정적 자세가 최고

'이 일은, 아무래도 딱 맞지 않는다. 어딘가에 좀 더 자신에게 맞는 일이 있을 것이다.' 이런 기분은 많은 비즈니스맨이 신입일 때 느끼는 것이다. 이것은 신부가 결혼식 전에 문득 느낀다는 'Marriage Blue(결혼우울증, 좀 더 좋은 상대가 있는 것은 아닐까, 여기서 타협해서 좋은 건지 몰라 라고 흔들리는 감정)'와 닮았을지도 모른다. 그러나 회사는 조직이기에 배속된 부서나 역

할에 불만을 말해 봐도 소용없다.

당신이 자신의 장래에 큰 희망을 품고 있다면 그 일이 만약에 자신이 생각하는 기본줄기에서 조금 벗어나 있더라도 그 일에 정면으로 부딪쳐 보는 것이다. 어떤 부서라도 기업에서는 필요하다. 회사라는 조직에 쓸모없는 부서는 없다.

사람의 가치를 어떻게 판단할까, 사람에 따라 기준은 다르다. 직업에는 귀천이 없다. 좋아하는 포스트에 배치됐다든가, 맞지 않는 포스트(본인이 생각하고 있을 뿐인 경우가 많지만)에 배속됐다는 것은 나중에 생각하면 작은 것에 불과하다.

마라톤을 예를 들면 처음 뛰는 자리가 앞인가 뒤인가 하는 차이 정도에 불과하다. 출발지점으로부터 1킬로미터도 달리지 않은 정도의 앞뒤 서열 차이와 같은 것이다. 앞으로의 여정은 길고 마라톤은 막 시작됐을 뿐이다.

'쉬지 않고, 오만하지 않고, 포기하지 않고'라는 마음가짐이 중요한다. '시작이 좋으면 끝도 좋다'고 하지만 그 말은 '끝이 좋으면 전부가 좋다'라고도 생각할 수 있는 것이다.

그렇게 되기 위해서는 하나의 경험으로부터 가능한 한 많은 것을 배우려는 자세가 중요하다. 경험할 수 있는 것에는 한계가 있지만 경험 속에서 배울 수 있는 것은 무한하다. 회사 생활도 어려움을 참고 끈기 있게 버티면 복이 온다.

Note.

25

30년 후 자신의 모습을 그려라

❖ 장래 자신의 모습을 상상하라

❖ 몸에 익혀야만 할 것은 지금부터 노력할 것

30년 후 당신을 상상해 보라. 그 모습 그대로 지금의 당신과 대화해보면 어떤 대화가 전개될까? 인생은 긴 여정이지만 뒤돌아보면 순식간이다. 그리고 '그렇게 했으면 좋았을 걸' 이라든가 '이렇게 하지 않았더라면 좀더……' 라든가 하고 후회하는 일도 있을 것이다.

인간의 소질에는 큰 차이가 없다. 실제로 머리의 좋고 나쁨은 다소 있을지도 모른다. 재주가 있고 없음이라는 차이도 있을 것이다. 하지만 머리가 좋고 재주가 좋은 사람은 끈기가 부족할 수도 있다. 머리가 좋지 않고 재주가 없어도 끈기 하나로 일류가 된 사람도 많다. 즉, 출발 시점에서의 결의와 진행방향의 결정이 30년이라는 장기전에서의 승부를 좌우할 수가 있다.

당신이 확고한 신념도 방향 설정도 없는 채로 신입부터 중견에의 길을 걷는다 해도 그런대로 어떻게든 생활해 갈 것이다. 하지만 나중에 후회하는 인생이 될지도 모른다. 인생 50의 선을 넘고 인생의 반을 지나 마지막이 보일 때 내 모습에 매력은 얼마나 남아 있을까?

인생은 확실히 긴 여정이다. 그러나 그것은 오늘 내일의 하루하루를 쌓아 올린 것이다. 매일을 충실하게 힘껏 살아가자. 그것을 실천할 수 있다면 인생 그 자체도 꼭 후회 없는 충실한 것이 될 것이다.

30년 후 자기에게 부족한 것을 상상하고 지금부터 지식을 쌓고 익히는 노력을 한다면 시간은 충분하다. 이따금 장래 자신의 모습을 상상하며 스스로에게 이야기를 걸어 주기 바란다.

26

각 부서간 유대와 연결에 신경 써라

❖ 부서간 연결도 유연하게 변화하고 있다

❖ 시대의 변화에 대응하는 새로운 시스템이 도입되고 있다

종래의 인적 구성은 수평과 수직이 교차한 조직도가 일반적이었다. 이런 형태가 톱매니지먼트의 의사를 가장 원활하게 말단까지 전달하는 것이 가능했던 것이다.

또한 각 업무부서의 책임자가 명확해지기 때문에 각각의 책임을 명확히 할 수 있다. 이것은 기업의 톱에게 있어서 매우 편리한 조직이었던 것이다.

그러나 이 조직은 말단사원의 창조성이 반영되기 어렵기 때문

에 시대의 변화에 빠르게 대응하기 어려운 조직이기도 하다.

여기서 최근의 기업은 사내벤처제도를 도입하거나 사업부제를 취하거나 또는 매트릭스 조직을 운용하는 등 새로운 시대에 대응한 조직으로 변모해 가는 경향을 보인다.

사내벤처라는 것은 예를 들면, 사원 중에서 신규 사업을 계획해 그것을 기업하고 싶다는 사람을 모아 심사한다. 그리고 회사와 그 본인이 서로 자본금을 투자해서 새로운 회사를 만드는 것이다. 실패한 경우는 어떻게 할까 등의 결정은 각 기업에 따라 차이가 있지만 성공하면 그 본인은 상당한 대가와 보상을 얻을 수 있는 경우가 많다.

또한 사업부제도 독립채산제에 가까운 시스템으로 상여나 승급 등 업적에 따라 상당한 차이가 난다. 이런 새로운 시스템에서는 연공서열이나 평생직장 등은 이미 과거의 것이다. 여기서는 경력이나 연령 등이 절대적인 것만도 아니다. 개인의 자질과 의욕에 따라 적극적으로 일을 할 수 있도록 만들어진 시스템인 것이다.

이처럼 현대기업의 조직은 커다란 변화를 거듭하는 중이다.

그와 동시에 각 부서의 연결도 고정적이고 경직적인 것이 아니라
유연한 것이 되도록 새로운 경영 이론과의 접목이 계속해서 시도
되고 있다. 새내기들이 꿈을 갖는다면 젊은 나이에 얼마든지 큰
목표를 이뤄낼 수 있다.

27

지시와 명령 체계를 정확히 인지하라

❖ 지시나 명령은 여과하지 않고 전해야 한다

❖ 지시나 명령을 빠르게 판단하고 행동할 것

종래의 기업조직은 톱과 말단 사원이 세로 선으로 묶여진 상태였다. 왜 그런 모양이 됐는가 하면 그것은 톱의 명령과 지시가 그 사이에 존재하는 중간관리직을 통해 위에서 아래로 전달되기 쉬운 형태이기 때문이다. 그래서 상의하달을 철저하게 하는 의미에서는 이 시스템이 최적이라 할 수 있었다.

회사는 명령이라는 방법으로 톱의 의사를 각 부서에 전달한다. 이를 위해 각 부서에 명령을 실행시키기 위한 권한을 준다.

지시나 명령의 내용은 '증폭되지 않고', '감퇴되지 않고', '변질되지 않고' 즉 명령된 상태대로 되도록 빠르게 말단까지 정확하게 전달되지 않으면 안 된다.

복싱경기에서 서로가 격렬하게 움직여 공방을 전개하는 것도 눈이나 피부가 전달하는 정보를 두뇌가 순간적으로 판단하여 신체의 각 부분에 다음 행동을 지시하기 때문이다. 지시가 정확하고 빠른 쪽이 이기는 것이다.

비즈니스도 기본적으로는 같다. 라인과 스탭이라는 말이 있다. 명령계통의 움직임은 라인에 의한 것이다. 옛날식의 조직으로 말하면, 사장 ➡ 전무 ➡ 부장 ➡ 과장이라는 계층적 흐름으로 명령은 톱 다운된다. 보고는 이 반대의 흐름으로 톱에 도착된다. 평화로운 때는 머리로 생각하고 눈으로 확인하고 피부로 확인하면서 일을 해간다. 그러나 이 같은 조직의 경우, 일의 흐름이 경직되기 쉽다는 중대한 결점을 가지고 있다.

변화가 심한 현대에 있어 이 같은 시스템으로는 대응이 늦어지는 국면이 여러 형태로 발생된다. 따라서 최근에는 부과장제를 폐지하고 팀제를 취하거나 사내메일이나 커뮤니케이션 프로그램 등을 사용해 사장과 일반사원이 직접 의견교환을 하는 조직

시스템을 도입하고 있는 회사가 주류를 이루어 가고 있다. 그만큼 개인의 판단이 중요한 시대가 되었다. 당연히 책임도 커진 것이다.

Note.

28

계층과 역할 분담도 달라지고 있다

❖ 계층에 따라 역할도 다르다

❖ 계층을 없애고 사업단위로 팀을 만들 때를 대비하라

조직은 대부분의 경우 계층별 종적 체계로 구성되어 있다. 이것은 스포츠의 세계나 오케스트라 등 예술의 세계와도 같다는 것이 일반적인 인식이다.

우선 가장 위에는 사장을 중심으로 하는 '임원층' 이다. 이들은 회사가 앞으로 어떠한 방향을 목표해야 하는가 등 장기 전략을 구축한다. 다음의 '부장층' 은 장기 전략에 입각해 단기적 전략을 생각한다. 목표와 그 수단을 세분화해 구체적인 행동방침에 이르기까지 준비한다. 또한 과장층 이하의 사람들에 대한 관리와 지도를 생각한다.

그 아래는 '과장층'이다. 이것은 현장 실무진의 통합역이라 해야 할 역할을 하고 있다. 그리고 '일반사원(팀)'이다. 어느 정도 명확한 목표가 주어져 그것을 향해 일을 하는 것이 일반적이다. 각각의 사람이 자기의 전문성이나 개성을 살려 구체적인 결과를 내야 하는 것이다. 이 같은 조직형태는 고도경제 성장기에는 큰 성과를 올릴 수 있었다.

그러나 최근에는 더욱 플렉서블(Flexible)한 조직이 필요하다는 의견이 많다. 피터 드러커가 불확실성이란 말로 대변했듯이 변화가 많은 시대를 살아남아야만 하는 기업에는 꼭 필요하다는 것이다. 종적인 라인을 간편화하고 사업단위로 프로젝트팀을 만드는 등 조직형태를 바꾸는 기업이 다수를 차지해가고 있는 것이다. 조직인 이상 어떠한 것이든 간에 형태가 있고 각각의 구성원에게는 역할이 정해져 있다.

그러나 중요한 것은 그 한 사람 한 사람이 자신의 능력을 충분히 발휘할 수 있어야 한다는 것이다. 어떤 조직에서라도 자기의 기술이나 능력을 높여가는 자기 계발 노력이 필요하다.

29

의사결정의 프로세스를 익혀라

❖ 의사결정의 프로세스는 크게 두 가지가 있다

❖ 제안이 채용되는 프로세스를 이해해 둘 것

회사라는 조직 속에서 의사결정은 어떻게 성립되는가. 이것은 기업 속에 있는 사람은 당연히 알고 있어야 하는 것이나 좀처럼 실제를 파악하기가 쉽지 않다. 각 기업마다 다소의 차이가 있을 수 있기 때문이다.

종래의 기업조직 속에서는 의사결정 프로세스를 크게 두 가지로 나누었다. 하나는 회사의 톱이 자신이 발의해 그것을 회사의 결정사항으로 삼는 경우이다. 이 경우는 중역회의 등에서 의제로 나와 경우에 따라서는 부과장 등의 의견도 청취한 뒤에 결정된다. 이른바 톱 다운(Top Down) 방식이다

또 하나는 아래로부터의 제안사항을 위로 올려 회사의 의사결정을 하는 케이스이다. 예를 들면 신입사원인 A가 회사에 플러스가 될 제안을 했다고 하자. 우선 A는 직속인 상사나 선배에게 상담한다. 그 시점에서 그들이 '이것은 좋은 제안'이라고 판단하면 사내 회의에 올리도록 지시한다. 그 회의에서 평가를 받으면 부장 혹은 과장이 다시 위의 회의에 제안사항으로 제출한다. 그리고 중역회의에서 최종적으로 논의돼 정식으로 회사안건으로 채택되는 것이다. 이 과정에서 공감대 형성을 위해 '사전작업' 등이 이루어지는 경우도 자주 있다. 이런 형태가 바로 버텀 업(Bottom Up) 방식이다.

그러나 격변의 시대에 있어서는 제안으로부터 결정까지의 프로세스를 좀 더 간략화, 스피드업화시킬 필요가 있다. 인트라넷 활용, 프로젝트팀제(TFT) 채용, 사내조직 개혁 등으로 의사결정 시스템의 효율화를 실현해 갈 수 있다.

인터넷 시대에 따라 이런 신속한 라인업이 요즘 대세를 이룬

다. 어떤 면에서 보자면 꽉 짜인 기존 조직보다 새로운 조직에서
새내기들이 빛을 볼 기회가 더 많아진 것도 사실이다.

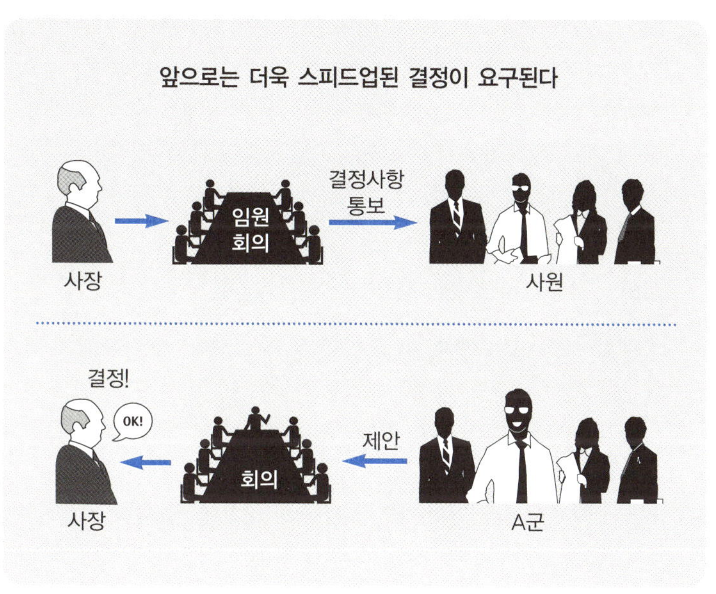

30

하고 싶은 것과
할 수 있는 것을 구별하라

❖ 일을 경험하면서 자기의 적성을 발견해가는 것이 필요

❖ 하고 싶은 일과 할 수 있는 일의 갭을 줄여나가라

당신에게 있어서 직업이란 무엇인가? 대부분 사람에게 있어서 직업은 자기의 인생을 성공해 가는 수단 정도로 생각하는 경향이 있다. 마치 학교에서처럼 내가 하고 싶은 것은 하고, 하고 싶지 않은 것은 하지 않으려는 경향이 있는 것이다.

이제 학교를 막 졸업한 이들이 주로 이런 생각을 많이 하게 되는데 학교와 회사 생활은 기본부터가 크게 다르다. 무슨 일을 하건 간에 학교를 다니는 일과 직장 일을 한다는 것은 개념부터가

서로 완전히 다르다는 것을 명심하지 않으면 안 된다.

한편은 돈(수업료)을 지불하며 다니는 곳, 또 한편은 돈(급여)을 받는 곳이다. 회사에서는 경험이나 실적이 없는 신입사원에게는 당연히 보조레벨의 일부터 시킨다. 예를 들면 타이핑작업, 복사하기, 사무실 정리, 선배의 보조작업 등이다. 손님에게 차를 대접하는 업무도 하기 싫지만 해야 할 일 가운데 하나다.

"저는 커피 심부름을 하러 입사한 것이 아닙니다."

그렇게 외치고 나면 주변에서 당당하다고 칭찬할 수도 있다. 그러나 자세히 생각해보라. 그러면 누군가 다른 선배사원들이 그 일을 해야 한다. 손님에게 '당신이 직접 커피를 타 드세요'라고 말하기는 곤란하지 않을까?

커피는 단순한 문제 같지만 실제로는 개인의 마음가짐이라는 면에서 중요한 문제의식을 던져둔다. 당연히 커피 심부름 따위를 나이 먹은 선배늘이 후배들에게, 특히 여성이라고 시켜서는 안 될 일이다. 그러나 그것보다 더 중요한 의식을 갖는다면 커피 심부름 따위는 아무 것도 아니다.

커피 심부름 정도는 즐겁게 오히려 대접한다는 마음으로 하면 될 일이다. 이런 건 아주 사소한 문제다. 형식적인 개념보다 훨씬 중요한 것은 근본적인 문제, 즉 내가 무엇을 할 수 있는가이다.

정말 문제는 내가 하고 싶어 하는 일과 내가 잘 하는 일이 다르다는 것이다. 그런데 그것을 신입사원 때 내가 마음대로 결정할 수 없다는 것이다. 학점이 잘 나오는 과목을 골라듣던 시절에서 무조건 들어야 하는 필수과목을 공부하는 곳이 사회다. 이를 잊지 말자.

직장에 배치된 곳도 반드시 당신이 희망하는 곳이 아닐 수도 있다. 기업에 따라서는 많은 일을 경험시키기 위해 일부러 여러 부서에 배속시키는 경우도 있다. 다양한 일을 경험하면서 자기 본래의 적성을 발견해가는 것이 필요하다. 어떤 일을 지시해도 어떤 부서에 배속되어도 좋아하거나 근심하거나 하지 않는 것이다. 주어진 업무를 차근차근 소화해 나가다 보면 장래에 보다 책임 있는 일을 할 때 귀중한 경험으로 살아날 것이다.

내가 정말 무엇을 잘 하는지 모르는 사람도 많을 것이다. 그 경우 직장에서 착실하게 일을 하다 보면 인정받는 분야가 생길 것이다. 그것이 곧 내 경쟁력이 되고 내 장기가 된다. 서두르지 말고 차분하게 내가 할 일을 찾아서 하는 자세가 정말 나를 강하게 만드는 수단이 된다.

31

매출과 이익은 다르다

회사의 영업은 대부분의 경우 매출액으로 평가된다. 매출이 늘고 있는 현상은 회사의 방침이나 상품이 고객에게 받아들여지고 있다는 증거이다.

매출액은 기업실적을 측정하는 대략적인 척도라고도 할 수 있다. 예를 들면 매출증가는 외관적으로 번성하는 집과 같은 것이다. 하지만 매출이 많다 해도 손을 놓고 즐거워할 수 있는 것은 아니다. 기업의 목적은 고객의 욕구를 채워 준 다음에 이윤 추구를 목표로 하기 때문이다. 판매한 상품이나 서비스에는 기본 밑천이 든다.

매출액으로부터 영업비용 및 영업 외 비용을 제외한 매출원가를 뺀 것을 '매출총이익' 이라고 한다. 이것은 말 그대로 아주 대략적인 이익으로 거기에다 더 많은 항목의 경비가 든다. 거기에서 그것들을 뺀 것을 '영업이익' 이라고 한다.

매출액은 올라도 별로 이익이 없는 상품을 팔아서는 영업이익에 공헌하고 있다고 할 수 없는 것이다. 그러므로 영업이익이 순조롭게 늘고 있는 회사라야 건전한 회사라고 할 수 있다.

회사의 과제는 매출을 늘리는 것과는 별개로 매입가를 내려 코스트를 다운시켜 이익을 증대하는 것이다. 이것은 시대가 변해도 변하지 않는 원칙이다. 구직자나 입사 직후의 신입이 이런 영업이익을 의식하는 것은 시기상조인지도 모른다.

하지만 직장생활을 하는 사회인에게는 꼭 필요한 것이다. 특히 최근에는 매출을 올리는 것이 이전에 비해 훨씬 어려워졌다. 이로 인해 매출보다도 차라리 이익을 중점적으로 생각하자는 기업도 늘고 있다. 집의 외관(매출)만 좋아도 집의 내부(이익)가 좋지 않으면 실질적으로 탄탄하다고는 할 수 없는 것이다.

32

Cash Flow를 읽어라

❖ 현금이 순조롭게 흐르는 것이 중요

❖ 실제로 현금이 없으면 흑자라도 도산하는 수가 있다

기업 활동은 사회적 사명을 완수하면서 이익을 추구하는 것이다. 기업의 영업담당자는 매출을 올리는 것에 열심이지만 1만 원의 매출을 올리는데 2만 원의 경비를 사용해버려서는 아무것도 되지 않는다.

거기서 나오는 것이 캐시 플로(Cash Flow)라는 사고방식이다. 캐시 플로라는 것은 자금의 흐름이다. 여기서 말하는 자금이라는 것은 한마디로 말해서 회사에 최종적으로 남은 순익이라고 말할 수 있다. 매출에서 매입가격이나 인건비를 뺀 것을 영업이익이라고 한다. 거기서 세금 등을 빼고 최종적으로 남은 이익, 그것이 자금이다.

기업을 인체에 비교하면 돈은 혈액과 같다. 사람의 건강은 혈액의 순조로운 흐름을 유지하는 것으로 되지만 기업의 건강도 돈의 흐름을 순조롭게 유지하는 것으로 유지된다. 이익은 나와도 자금의 흐름(캐시플로)이 어딘가에서 정체되면 도산할 수도 있다. 소위 말하는 '흑자도산'이다. 혈행이 막히면 사람이 병이 나듯이 기업도 자금의 흐름이 막히면 쓰러지기 마련이다.

예를 들면 영업부의 A가 신규고객에게 상품을 1,000만 원 어치를 팔았다고 하자. 그러면 장부상으로는 매출이나 이익이 계상되어 '흑자'가 될지도 모른다. 그러나 만약 그 고객으로부터 돈이 들어오지 않으면 그 흑자는 장부상 수입일 뿐이다.

이처럼 장부상으로는 흑자인데, 실제로는 현금이 없어 기업이 도산하는 것을 '흑자도산'이라고 한다. 여러분이 인식한 바와 같이 자금이 계속 흐른다는 것은 매우 중요한 것이다.

33

Cost Down에 목숨을 걸라

❖ 코스트다운이란 지출을 줄이는 작업

❖ 무조건 줄이기보다 지혜로운 방법을 모색하라

기업의 이익은 매출을 늘리는 것과 지출을 줄이는 것, 이 두 가지에 의해 늘어간다. 코스트다운이란 지출을 줄이는 작업이다.

코스트다운이라 해도 방법은 다양하다. 사용하는 원재료의 품질을 떨어뜨리거나 공정을 생략하면 지출을 줄일 수 있다. 그러나 상품 그 자체의 질을 떨어트리는 것으로도 연결된다. 그렇게 되면 매출은 줄고 역효과가 나게 된다. 이런 방식은 신중을 기해야 된다.

　한편으로 인건비를 삭감하기 위해 자동화하거나 종래의 '방법' 그 자체를 다시 생각하는 것도 유효한 사고방식이다. 즉, 지금까지의 일하는 법을 근본부터 다시 분석해 지혜로운 원가절감 방법을 찾아보는 것이다.

　예를 들면 가죽구두 바닥의 대부분은 최근에는 접착제로 접착되어 있다. 종래의 기술자는 구두바닥을 붙이는 작업을 바늘과 실로 구두바닥을 구두에 꿰매어 붙이는 것이라고 받아들였다. 그 경우 바늘과 실, 그리고 꿰매는 기술은 빠트릴 수 없는 것이었다. 이에 대해 '구두바닥을 구두에 붙이는 방법' 그 자체를 개량하는 것으로 코스트 다운할 수 없을까라고 생각한 것이다. 그리고 바늘과 실이라는 것을 대신하여 접착제로 붙인다는 발상을 한 것이다.

　우리들은 회사의 일이나 작업방법은 '이제 바꿀 수 없는 것' '이 방법이 베스트'라고 생각하기 쉽다. 그러나 합리화나 코스트 다운은 그 생각을 다시 되묻는 것에 힌트가 있는 것이다. 코스트 다운은 업무 현장으로부터 아이디어가 나오는 경우가 많다. 매일의 업무 속에서 '무언가 코스트 다운할 수 없을까' 라고 항상 생각해보는 것은 중요한 것이다.

34

급여는 어떻게 지불되는지 알아야

❖ 회사는 급여 이상의 금액을 당신에게 지불하고 있다

❖ 급여만큼 일한다는 사고를 버릴 것

어떤 회사라도 사원들이 일을 하여 이익을 내고 있기 때문에 기업경영이 성립되고 있는 것이다. 예를 들면 상품을 900원에 매입, 1,000원에 팔았다고 하자. 그 경우 매출 총수익은 100원이다. 이런 상품의 이익을 보두 모아 합계한 후 회사의 경비나 이 책을 읽는 독자의 급여가 지불되는 것이다.

회사의 돈벌이 중에서 인건비가 차지하는 비율을 노동분배율이라고 한다. 대부분 회사의 노동분배율은 50% 정도가 평균이다. 물론 이것은 업종이나 회사의 규모에 따라 다르다. 인건비는 매월의 급여만은 아니다.

그 외에 상여금, 퇴직금, 법정 복리비(즉 연금, 건강보험료 등과 그 외의 회사부담금), 복리후생비, 교육비 등을 포함하고 있다. 여러 가지 비용이 들어가고 있는 만큼 이것들을 합하면 급여의 1.5배라든가 1.6배라는 숫자가 된다.

예를 들면 A의 급여가 총액 150만 원이라고 하자. A는 독신이기 때문에 세금과 건경보험료 등이 빠진 금액은 130만 원 정도가 된다. 그러나 회사가 A에 대해 부담하고 있는 금액은 150만 원 x

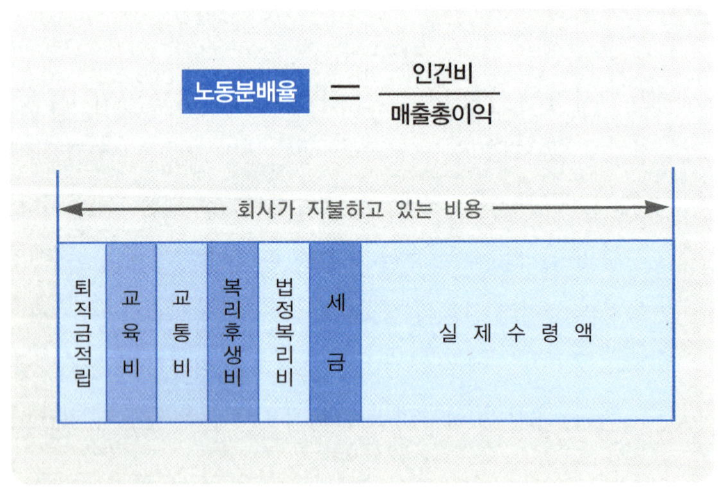

1.5로, 약 225만 원이 되는 것이다. '겨우130만 원?' 이라고 A가 느꼈다고 하면 그것은 착각이다. 게다가 현실적으로 직원 한 사람에게 드는 경비는 다른 면에서 볼 필요도 있다.

예를 들면 당신이 사용하는 책상이나 의자, 그것을 두는 스페이스에도 돈이 들어가고 있다. 그러니까 본래는 자기 급여보다 더 버는 것이 당연한 것이다. 항상 그러한 의식으로 일에 몰입하는 것이 중요하다.

35

급여에 걸맞은 일을 하라

❖ 매출목표는 기업생존을 위해 꼭 필요한 것이다

❖ 어떤 부서라도 서로 도와주고 있음을 기억할 것

회사에서 자주 보는 광경 중의 하나가 상사가 부하에게 '급여만큼, 제대로 일해라' 라고 잔소리하는 장면이다. 하지만 '내 급여는 150만 원이니까, 150만 원의 이익만 올리면 된다' 라고 생각했다면 그것은 큰 착각이다.

회사 조직에는 직접 매출을 낼 수 없는 부서에서 일하고 있는 사람도 있다. 총무나 경리 등에서 일하는 사람들이다. 매출을 내는 업무를 하는 영업직원만 제일 훌륭한가 하면 그것은 아니다.

영업 매출이 오르도록 지원을 해주는 것이야말로 영업에 전념할 수 있는 환경을 만들어 주는 것이다. '급여의 몇 배 이익을 올려라' 라고 하는 것은 '매출은 자신만의 힘으로 달성할 수 있는 것이 아니므로 자신의 급여 분만큼으로 벌면 된다는 것이 아니라 그 두 배 정도는 벌어야 당연하다' 는 생각을 잊지 말아야 한다.

회사에서 설정된 매출목표 등은 이러한 요소에 입각하여 결정되고 있다. 그 나름대로 필연성이 있는 숫자인 것이다. 자신에게 부과된 매출 목표치를 제대로 받아들여 반드시 달성하도록 노력하자. 지원부서라면 자기의 일을 힘껏 하여 영업을 지원하도록 한다.

또한 신입사원 연수나 수습기간 등이 진행되는 입사초기는 거의 이익을 올리는 일은 할 수 없다. 그러나 회사는 장래를 위한 투자라는 사고방식 이레 신입사원에게는 유예 기산을 설정하고 있는 것이다. 그러니까 '신입일 때는, 그냥 시키는 일이나 하면 되는 것' 이라고 생각하는 게 아니라 열심히 배워 하루라도 빨리 회사의 전력이 되려고 노력해야 하는 것이다.

36

학생에서 사회인으로

학창시절은 수업료를 지불하고 수업이라는 서비스를 받아왔다. 어떤 의미로 보면 학교로서는 학생은 고객이기 때문에 좋아하는 수업을 선택해서 듣고 좋아하는 친구만 사귀는 것도 가능했다.

또한 가정에서는 출산율 저하의 결과, 많은 형제가 있는 사람보다도 한두 명만 있는 쪽이 많아져 부모나 조부모로부터 귀하게 자란 사람이 대부분이다.

그러나 이런 분위기는 사회에 나오면 완전히 바뀌어야 한다. 회사에서 일하는 사회인은 자기가 제공하는 노동의 대가로서 급여를 받는다. 좋아하는 일을 선택하고 마음이 맞는 사람하고만 일을 한다는 것은 우선 불가능하다. 학창시절과는 완전히 다른 생활환경인 것이다.

학창시절과 사회인과의 큰 차이, 그것은 '결과에 책임을 진다'는 것이다. 학창시절은 칭찬받거나 혼나거나 하는 요인의 대부분은 '과정'이었다. 결과적으로 실패해도 노력을 한 것은 칭찬받거나 혼났다고 해도 고의가 아니면 해결되는 것이다.

사회인이 되어도 최초 반년 정도는 이 상태를 접할 수 있을지도 모른다. 하지만 원칙적으로 사회인의 세계는 '결과'가 말해주는 것이다. 아무리 본의 아닌 과실이어도 실패했다는 '결과'가 생긴 경우엔 그 책임을 묻는다. 팀장이나 부장, 사장 등의 리더가 되면 부하의 실패에 대해서도 책임을 져야 하는 경우도 자주 있다.

'자기 나름대로 열심히 했으니까 실패해도 어쩔 수 없다'는 의식은 구직자의 단계에서부터 버리지 않으면 안 된다. 그것이 사회인임을 잊지 말라. 자신의 무한 책임이 주어지는 것이 사회다.

37

도요타의 '간판 방식'에서 배워라

도요타자동차의 '간판 방식'이라는 세계적으로 인정받은 시스템이 있다. 부품을 납품하는 협력회사는 지정된 시간에, 지정된 수량의 부품을, 지정된 장소에 보내는 것이 요구된다. 필요한 때, 필요한 장소에, 필요한 분량의 부품이 도착되면 공장으로서는 보관할 장소도 필요치 않고 출납의 수고도 생략할 수 있게 된다. 즉 자동차의 부품을 대량으로 매입해두는 창고비용 등이 필요 없어지는 획기적인 방법이다.

간판 방식의 사고방식, 이것은 '적시에 작업하는(Just in time) 일의 중요성을 가르쳐 준다. 모처럼 약속을 했는데 이쪽이 지각해버리면 상대방의 시간을 헛되게 만든다. 물론 일 자체가 성립되지 않는 경우도 있다. 이런 실수는 비즈니스 이전에 당신에 대한 신뢰를 무너지게 만든다. 시간은 돈이다. 비즈니스 세계에서 시간을 지키는 것은 신용을 쌓는 첫걸음이다.

그래도 만일 약속을 지킬 수 없는 경우는 어떻게 하면 될까?

먼저 해야 할 것은 약속시간 전에 '늦는다' 는 말을 전하는 것이다. 그리고 '몇 분 늦는다' '몇 시쯤 된다' 라는 것을 상대에게 말해주는 것이다. '몇 시쯤 된다' 는 시간을 말할 때, 자칫 무리한 시간을 말해버릴 수도 있는데, 거기에서 또 늦으면 상대에게 거듭 불쾌감을 주게 된다.

20분이면 된다고 생각하면, 30분 후라고 말하라. 이 사전 전달로 상대방은 그 로스타임의 피해를 최소화해 그 시간을 조금이라도 유용하게 사용할지 모른다. 그리고 30분이라고 생각했는데 20분만에 도착하면 당신의 평가가 달라질지도 모른다.

38

공과 사의 조화

❖ '공'과 '사'의 밸런스를 취하는 것이 중요

❖ 지혜로운 균형 감각을 갖출 것

학창시절은 자유로운 시간을 자기의 판단만으로 행동하는 것이 허락되었다. '공과 사'로 말하자면, '사私'가 대다수였다.

그러나 기업 속에서 일하는 입장이 되어 사회를 구성하는 일원으로서의 활동은 '공公'이라 할 수 있다. 사회인이 되면 이 '공'의 생활이 상당한 무게를 가지게 된다. 그러나 '사'의 부분도 중요하다. 그 밸런스를 어떻게 취해갈까가 사회인으로서 중요한 부분이다. 그 밸런스의 기본자세가 잘못되어 있으면 '사회인 실격'이라는 낙인이 찍히는 경우조차 있다.

근무시간 중에는 회사의 규범을 바탕으로 상사의 지시에 따라 행동하는 것이 요구되는 것은 당연한 일이다. 그리고 때에 따라 잔업이나 휴일 출근이 필요한 경우도 나온다. 그때, 근무시간 외는 본래 '사적 시간'이라고 내심 불만스럽게 생각하면서 의욕 없이 잔업이나 휴일 출근을 하려는 건 아닌가? 하지만 그런 근무태도로는 '공'으로서의 자기를 확립하기 어렵다.

사회생활에 있어서 공사란 결코 시간으로 구분되어 있는 것은 아니다. 우선 무엇보다도 공으로서의 의무와 책임을 묻게 된다. 그 다음에 '사'를 생각하는 것이다. 요즘은 이런 개념도 변화를 갖고 와서 사적인 일을 먼저 하는 경우도 적지 않다. 그러나 기업에서 출세하려면 무엇보다 지혜롭게 공사를 구분하는 자세가 필요하다. 그것이 출세의 지름길이다.

경찰관은 큰 사건이 있을 때에는 비번이라도 출근을 지시받는다. 그런 때 '아니, 오늘은 휴일인데'라고 생각해서는 공으로서의 책임을 다하고 있다고는 말할 수 없다. 일할 때만큼은 확실하게 책임을 완수한다는 의미에서 보면 비즈니스맨의 자세와 일의 이치는 똑 같은 것이다.

39

조직의 일원으로 일하라

❖ 집단 속에서의 자신을 의식할 것

❖ 팀워크를 중요시하라

회사는 조직으로 움직인다. 조직에서 일하는 경우 그 속에서는 '집단 속의 자신'이라는 것을 항상 의식할 필요가 있다. 배구를 예로 들자. 배구는 각자가 마음대로 해서는 시합이 되지 않는다. 순간순간에 전체 속에서 자신이 어떻게 움직이면 될까를 판단하고 집단으로 행동하는 스포츠다.

회사라는 조직도 이와 같다. 때로는 자신이 가장 힘든 역할을 하는 경우도 있다. 가장 노력한 것은 자신인데 공로는 동료인 A

가 가져가 버리는 일도 일어날 수 있다. 그러나 그것이 조직이라는 것이고 집단행동인 것이다.

또한 조직에는 지시하는 자와 지시받는 자가 존재한다. 개인의 의견이 어떻든 조직으로서 결정되는 것에는 따르는 것이 조직의 일원으로서의 의무다. 물론 범죄 등 반사회적인 활동이라 생각되는 경우는 예외지만 그렇지 않는 한 조직의 방침에 따른 다음 자기의 개성을 발휘해야 한다.

개인의 개성이 조직보다 앞서지 않도록 하는 것도 중요하다. 때때로 조직으로서의 지시, 방침에 반대하여 자기의 의견을 밀고 나가는 것이 개성의 발휘라고 착각하는 사람이 많이 있다. 그러나 이것은 큰 착각이다.

신입의 경우 제일 먼저 해야 할 것은 지시된 대로 자기의 일을 100% 처리하는 것이다. 그것을 충분히 해낼 수 없는 상태에서는 무엇을 말한들 설득력이 없다. 다음으로 알아야 할 것은 자기 업무의 전후좌우를 아는 것이다. 그리고 거듭해서 업무의 이해범위를 조금씩 넓혀가는 것이다. 그러한 노력을 계속하면서 자기업무의 전체를 보게 된다. 그것이 능력 향상이고, 그렇게 하다 보면 타인을 지원하는 것도 가능해진다. 그것이 조직 활동이고 팀워크다.

40

권리와 의무를 조화시켜라

❖ 의무를 제대로 완수한 다음에 권리를 주장할 것

❖ 조직과 개인은 서로 배려를 앞세울 것

조직 속에 사는 사회인에게는 권리가 있는 반면 의무도 있다. 제대로 계약해 의무를 이행한 다음 권리를 주장하는 것이 사회인이 가져야 할 참모습이라 할 수 있다. 그러나 권리만 주장하고 의무나 책임을 잊고 있는 사람이 적지 않은 것이 지금의 현실이다.

한편으로는 조직을 앞세우고 개인을 전혀 인정하지 않으려는 리더들도 많다. 어느 것이 옳은 길일까?

이론적으로 우리는 개인 편에 가깝다. 우리 모두는 개인이며 조직에서 봉급을 받는 구성원일 뿐이다. 평생 직장을 보장해 주는 것도 아니면서 죽어라고 일만 시키려 한다는 불만을 갖고 있는 것이다.

어느 기계부품 제조회사인 A사에서는 사원의 권리를 존중한다는 취지로 '잔업은 각자에게 맡긴다'는 사풍이 있었다. 물론 정당한 이유가 있다면 잔업을 거부할 수도 있지만 A사에서는 개개의 사원이 사정에 따라 잔업 하도록 하는 분위기였던 것이다. 그러나 그 때문에 필요한 일의 양을 다 처리하지 못하는 일이 종종 생겼다. 경기가 좋은 시대는 단가도 높고, 그런대로 해나갈 수 있었다. 그러나 불황에 접어들자 약한 경쟁력이 곧바로 매출에 영향을 주었다.

그때 '거래처로부터 요구된 일의 양을 처리하는 것은 우리들의 사회적인 의무이기도 하다. 권리만 주장하고, 의무를 소홀히 하는 것은 사회인으로서 밸런스 감각이 부족한 것은 아닐까'라는 의견이 나왔다. 그 후 그 의견에 많은 직원들이 찬성해서 A사는 무리 없이 잔업 로테이션을 실행했고, 목표로 하는 매출도 회복할 수 있었다.

잔업이나 휴일 출근, 전근, 출장 등을 거절하는 이유의 하나로서 자주 가정 사정을 얘기한다. 이러한 경우 회사는 좀처럼 강하게 요청할 수 없고 '그렇다면 어쩔 수 없다'는 쪽으로 되기 쉽다. 그렇지만 권리를 주장하기 전에 의무나 책임을 다해야 한다.

개인 사정을 이래저래 이야기하다보면 자칫 핑계로 들릴 수가 있다. 그것이 되풀이되면 언젠가는 '불성실한 사람'이라는 평가를 받게 되는 것이다.

사실 개인의 사정과 조직의 욕심이라는 갭 속에서 무엇을 우선 할 것인가는 대단히 중요하고 민감한 문제다. 예를 들어 아이를 하나 키우고 있고, 지금 둘째 아이를 낳으려는 주부 사원이 있다고 하자. 이 경우 그녀에게 육아를 포기하고 야근을 시키기란 쉬운 일이 아니다. 그녀에게는 회사일 만큼 아이 돌보는 일도 중요하다. 그러면 무엇이 옳은 일인가. 필자는 무엇이 옳고 그르다고 판단할 성격은 아니라고 본다.

이 경우 개인과 회사의 욕심이 상충하기 때문에 어느 쪽 편도 들기 어렵고 조직의 장도 선뜻 판단내리기 어렵다. 그래서 '배려'라는 것이 중요한 기준이 된다. 조직에선 다른 직원에게 시킬 수 있는 일인지를 살펴보는 것이 배려이고, 그녀로서는 회사의 입장을 생각하여 육아에 대한 스케줄을 조정하는 것이 배려다.

조직의 리더가 어려운 것은 이 때문이다. 이런 배려를 너무 많이 하면 사적인 요인으로 인해 조직원의 근무정신이 해이해지고 조직의 기강이 무너질 수 있다. 이래저래 조직은 문제가 많아지고 시끄러워진다. 리더가 어려운 것이 이런 일을 처리하여야 하기 때문이다.

41

끊임없이 '왜'라고 질문하라

❖ 모르는 것을 묻는 것은 잘못이 아니다

❖ 들은 것은 한 번에 기억하고 응용해 이해한다

'묻는 것은 한때의 수치, 묻지 않는 것은 일생의 수치'라고 한다. 모르는 것은 창피해 하지 말고 남에게 묻는 것이 좋다는 의미이다. '선배에게 묻지 않아도, 할 수 있어야 우수한 사람'이라고 착각하고 있는 젊은이가 적지 않다. 그 때문에 터무니없는 실수를 범하는 경우가 있다. 예를 들면 어설픈 컴퓨터 지식밖에 없는데 회사의 컴퓨터를 건드려서 중요한 데이터를 날려버린다든지 하는 것이다.

모르는 것은 정직하게 물어야 한다. 게다가 회사에 들어온 직후 신입이라면 모르는 것은 무엇이든 상사나 선배에게 물어야 한다. 이것은 수치도 그 무엇도 아니다. 단, 자신이 전혀 생각해 보지도 않고 무엇이든 바로 남에게 묻는 자세는 안 된다. 이것은 어릴 때부터 무엇이든 남에게 의지하는 타입의 사람에게 많은 것 같다. 이는 자칫 사고하는 습관이 없는 것을 선전하고 있는 것과 같은 것이기에 가능한 한 빨리 고쳐야 한다. 타인에게 물을 경우 자기 나름대로 정리를 해보고 묻는 것이 기본이다.

사무실 기기 등의 경우 매뉴얼 등이 있으면 그것을 잘 읽고, 그래도 모를 경우에 물어 보라. 그리고 물은 것은 한 번에 외우는 것이 필요하다. 모두 바쁘니까 같은 것을 몇 번씩 가르쳐 줄 여유가 없다. 하나를 물어 열을 안다는 말이 있다. 가능하면 하나를 물으면 그것을 응용해 더 많은 것을 이해하도록 머리를 쓰는 그런 자세가 필요한 것이다.

신입일 때는 '업무지식 노트'를 만들어 선배로부터 들은 것, 새로운 지식 등을 메모해두는 것이 좋다. 그리고 때때로 반복해서 읽어보면 자기의 지식이나 마스터한 것을 확인할 수도 있고 응용력도 길러질 것이다.

42

계획을 어떻게 세우는가에 성패가 달려 있다

❖ 어느 정도 여유가 있게 계획을 세운다

❖ 시간이 생겼을 때 할 수 있는 것을 생각해둔다

학창시절은 어떤 일이라도 자기방식대로 할 수 있었다. 그러나 회사라는 것은 오랫동안 배양되어온 기업문화라고 할 만한 독자적인 노하우가 있기 때문에 그럴 수 없다. 당연히 회사는 팀워크가 기본이다. 일부분의 정체는 바로 전체의 효율에 영향을 미친다.

회사의 전체 계획을 잘 이해하고 거기에 맞는 본인의 계획을 세우고 상사의 판단을 존중하면서 일을 진행해 가는 것이 중요하다.

개인에게 맡겨진 일의 경우는 스스로의 업무에 차질이 없도록 자기의 진행계획을 세우자. 단, 단순하게 업무를 날짜로 할당하는 것으로는 불충분하다.

회사의 행사나 자기의 스케줄도 참고해 계획을 세우자. 너무 빠듯하게 목표일을 설정하지 말고 일정에 여유를 두도록 하자. 고객의 돌연한 사고, 긴급한 일 등 세상일이란 것이 언제 무슨 일이 일어날지 모르기 때문이다. 빈틈이 없는 스케줄을 세워 놓게 될 경우 하나가 어긋나면 연달아서 어긋나는 사태가 생겨난다. 그런 사태를 막기 위해서는 일과 일 사이에 예비시간을 적당히 넣어두면 좋다.

스케줄 세우는 요령은 너무 대충해도 안 되고 너무 빡빡해도 안 된다. 중요한 것은 어느 정도의 여유를 가진 계획을 세운다는 것이다. 그러면 일이 예정대로 되어 공백시간이 생겼을 때는 어떻게 하면 좋을까? 자료의 정리나 새로운 기획을 구상한다든지, 시간이 생겼을 때에 할 수 있는 일거리를 평소부터 준비해두는 것이다. 이 시간에 무엇을 하는가가 실력 향상에 있어서도 큰 차이로 연결되는 것이다.

43

준비는 세심하게, 행동은 대담하게

❖ 가능한 한 철저하게 준비한다

❖ 망설이지 말고 임기응변으로 행동할 것

'숙고단행熟考斷行'이라는 말이 있다. 이는 일의 진행방법을 간결하게 표현하고 있다. 행동 전에는 시간이 허용하는 범위를 최대한 활용해서 시뮬레이션을 하고, 작전을 세워서 제갈공명처럼 신중하게 전략을 가다듬되, 실행에 들어가면 신속하게 행동하자는 것이다.

그러면 어떻게 심사숙고하면 좋을까. 자금, 일정, 관련된 총인원, 성공확률, 성공의 메리트, 실패의 영향, 그 경우의 대책 등을 종합적으로 생각하는 것이다. 이 정도의 요소들을 생각하자면 시간이 걸리기 마련이다. 허용된 시간은 최대한 사용하자. 무엇이든 결정하면 다음 단계의 실행은 간단한다. 시뮬레이션으로 준비를 마쳐 놓은 상태이므로 주저할 필요가 없는 것이다. 목표를 향해 돌진해 갈 때 중요한 것은 망설임 없이 추진하는 것이다.

그러니 이런 일에 익숙해지지 않으면 자칫 일의 흐름을 망칠 수 있다. 즉 행동 전의 계획이 엉터리였을 수 있는 것이다. 그러므로 행동하고 나서 망설이고 있다는 것은 최악의 상황이다.

무리하게 사자성어를 만들면, '천려둔행淺慮鈍行'이다. 얕게 생각하고 둔하게 행동한다는 뜻이다.

사전에 숙고를 하여 불안요소를 하나씩 제거해가는 것이 숙고이다. 그것이 깊으면 깊을수록 행동의 효율도 올라간다. 예정대로 진행되지 않을 경우에도 실패했을 때의 대책을 준비해두었기 때문에 당황히지 않고 대처할 수 있는 것이다.

하나부터 열까지를 전망하고 행동하는 것은 불가능하다. 큰 틀은 사전에 충분히 검토하고 세부적인 것은 현장에서 평소에 쌓아온 판단력과 때로는 임기응변으로 대응한다. 그를 위해서는 사전 준비 시간이 허용되는 한 완벽하게 준비하는 것이다.

44

실수를 두려워하지 말고 속이지 말라

❖ 실수를 두려워하지 말고 적극적으로 일하라

❖ 실수하면 속이지 말고 바로 보고할 것

요즘 경찰이나 군부대, 정부 조직 등에서 작은 실수를 숨겼다가 언론으로부터 뭇매를 맞는 경우를 자주 볼 수 있다. 사소한 일을 숨겨서 큰일을 그르치는 경우가 많은 것이다.

실수(Miss)가 없는 것보다 좋은 것은 없다. 그렇다고 실수제로가 가장 좋은가 하면 꼭 그렇다고 말할 수도 없다. No-miss에 구애받은 나머지, 적극적으로 일을 할 수 없게 되어 버리기 때문이다. 그러면 어떻게 하면 좋을까? 베스트에 가까운 베터를 찾아보

자. 옛날에 공자가 실수를 했을 때의 처리법을 제자로부터 질문 받고 다음과 같이 말했다.

'어떤 사람이라도 실수를 범한다. 범하는 것은 어쩔 수가 없다. 문제는 처리방법이다. 거기서 하찮은 사람과 훌륭한 사람과의 차이가 나온다' 「논어의 자장(子張) 제19」

그러면 어디서 무엇이 어떻게 다를까?

'하찮은 사람이 실수를 범하면 우선 숨기려 한다. 그래서 문제가 커져서 해결하기 어렵게 된다. 훌륭한 사람은 실수를 범하면 실수를 범한 것을 숨기지 않는다. 솔직하게 인정한 다음 빨리 선후처리를 한다. 그래서 2차 재해를 일으키는 일은 좀처럼 없게 해야 하는 것이다.'

이 가르침은 오늘날에도 통용된다. 정보공개의 중요함은 TV나 신문에서도 반복해서 강조하는 것이다. 그래도 잘 안 된다. 그것이 사람의 솔직한 감정이다. 잘못을 내놓고 사과하기란 상당히 어려운 일이다.

실수를 숨기는 것만 아니라 회사까지 끌고 들어가 대사건을

벌이는 일도 있다. 미스가 생겼을 때에 제일 먼저 해야 하는 것은 직속 상사에게 보고하는 것이다. 사죄하는 것은 그 다음이다. 직속 상사가 부재중일 때는 다른 상사에게 보고한다. 그때 중요한 것은 사고를 일으켰다는 '사실'이다. 이 첫 보고로 인해 상사가 '2차 재해'를 최소한으로 막을 수는 있다. 그때 '왜'라는 이유나 장황한 '사죄의 말'은 우선 필요 없다. 혼나는 것은 당연하다.

그 다음 보고에서 실수의 프로세스나 이유, 응급처치를 한 내용, 사죄의 말이 필요하다. 변명은 가장 나중에, 가능하면 말하지 않고 수습하는 것이 좋다.

45

능숙하게 혼나는 사람이 되라

❖ 혼나고 있을 때의 태도가 중요

❖ 능숙하게 혼나는 사람은 제대로 된 충고를 받을 수 있다

화내는 것과 혼내는 것은 언뜻 보면 닮아있지만 완전히 별개의 것이다. 화를 내는 것은 인간만이 아니라 동물도 행하는 행위이다. 생리학이니 심리학적으로 말하면 소뇌가 주가 되는 동물적 반응이다. 반 이성적이고 상대방에 대해서도 주위에 대해서도 별로 생각하지 않고 일으켜버리는 경우가 많은 것이다.

혼낸다는 것은 우리들이 관찰하는 범위에서 말하면 인간만의 행동이다. 생리학이나 심리학적으로 말하면 대뇌의 작용이다.

상대를 키우기 위해 필요하니까 혼내는 것이고, 상대나 주위를 고려한 상태에서의 행동이다.

상대의 경험, 능력, 전망, 성격에 따라 혼내는 법을 궁리해 그 후의 팔로업(Follow Up), 시간, 장소, 그러한 것을 생각하는 것이 진짜 혼내는 법이다.

만약에 당신 상사가 '혼내는' 것이 아니라 화가 나서 '화냈다'고 하자. 그때 당신의 대응이 문제이다. 분노에 대해 원망을 가지지 말라. 분노가 한창일 때는 오로지 그것을 들어주는 것만으로도 상대의 분을 삭인다.

화가 확실히 끝났다고 확인되면 '염려를 끼쳐서 죄송합니다. 앞으로 조심하겠습니다. 잘 부탁드립니다' 라는 식으로 자신의 솔직한 의사를 예의바르게 표현해 보라. 생각이 있는 사람이라면 자신이 홧김에 한 언동을 창피해 할 것이다.

혼날 때의 태도도 중요하다. 혼낸다는 것은 '상사의 충고나 지도'의 개념이라고 생각하고 적극적으로 받아들이라. 그러나 당신이 만약 감정적인 반감어린 태도를 취해버리면 상사는 당신을 오히려 포기해버릴 수 있다. 능숙하게 혼나는 사람은 많은 지도를 받을 수 있다. 그래서 자연히 업무 숙달도 성장도 빨라진다.

46

상사나 선배도 자기의 몫이 있다

❖ 상사나 선배를 관찰해 볼 것

❖ 자기 나름대로 궁리한 노하우를 몸에 익혀라

흔히 보면 회사에서 선배나 상사를 폄하하고 일을 잘 못한다든가 능력이 없다며 무시하는 경우가 있다. 비즈니스 세계는 타사와 매출을 놓고 경쟁을 한나는 측면에서 볼 때 선배와도 경쟁을 해야 하는 일종의 전쟁터라고 할 수 있다. 우리들의 급여도 그러한 혹독한 싸움에 의해 생겨난 것이다.

그리고 그것을 제대로 인식하고 보면 상사나 선배는 실력 없이 우연히 그 자리에 가 있는 것이 아니다. 그들도 여러분 이상으로 스트레스를 받아가며 실력을 쌓아 이 자리에 이르렀다. 그것을 인정하라.

또한 상사나 선배들은 클라이언트(Client)와의 교류관계나 미묘한 교섭, 설득 방법 등을 몸에 익히고 있다. 이는 매뉴얼에서는 습득할 수 없는 경험에 의한 노하우이다. 신입과 선배, 상사와의 차이는 이런 경험의 노하우와 같은 다양한 것들을 경험했는가 하지 않았는가라는 점의 차이다.

선배나 상사는 세상의 구조, 업계의 흐름, 그리고 자기회사의 힘과 능력 등 직면한 여러 가지 현실을 전부 이해하고 일을 하고 있는 것이다. 그런 상사나 선배에게 한발이라도 가까이하고 싶다면 우선 그의 행동을 관찰하라. 그 지위에 있는 사람은 나름대로의 노하우나 지혜를 가지고 있는 것이다.

신입 때는 그들을 관찰하고 그것들을 흉내 내며 배워가는 것이다. 하지만 흉내를 내는 것만으로는 단순한 매뉴얼의 습득에 지나지 않는다. 그것을 자기의 일에 결부시켜 자기 나름대로 시행착오를 거쳐 자신의 것으로 만들 때 그것이야말로 체험을 통해 터득한 것이 된다. 선배는 곧 나의 미래의 모습이다.

47

후배가 생기기 전에 할 일

회사에 입사해 들어오는 신입, 그것은 어떤 의미에서 매우 아이러니한 존재라고 할 수 있다. 일반적으로 '신입'이란 가르쳐줄 것은 많은데, 회사를 위해 공헌하는 것은 거의 없는 존재로 생각한다.

회사는 적어도 입사 후 일정기간은 이익에서의 지출을 각오하고 신입을 교육하는 것이다. 기본적으로 회사는 이익추구 집단이다. 그런 의미에서 신입을 채용한다는 것은 어찌 보면 매우 예외적인 것이라 말할 수 있다.

최근에는 이런 비용을 최소화하기 위해 경력직을 선호하는 경향까지 나타나게 되었다. 그러나 채용되는 측, 즉 신입 쪽에서 보면 그것이 당연하다고 생각하는 것처럼 보이는 경우도 있다. ‘교육을 받는 것은 당연하다. 업무상의 책임도 거의 없다. 덤으로 급여까지 받는다’ 잔소리만 듣지 않고 눈치만 보지 않는다면 신입처럼 이렇게 편안하고 쾌적한 상태는 없을 것이다.

그러나 신입사원도 언젠가는 선배가 될 것이다. 그러면 일 잘하는 사람이 되려면 어떻게 하면 좋은 것일까? 가장 알기 쉬운 목표는 곁에 있는 뛰어난 선배이다. 스스로 선택한 선배의 행동에 주목하여 본보기로 삼는다. 처음에 흉내를 내다보면 그것만으로 학생 기분도 신입 기분도 없어져 간다.

그리고 나서 하나 더 중요한 것은 ‘깨달은 것은 뭐든지 메모해 둔다’는 습관을 갖는 것이다. 이렇게 자기를 조금씩 바꿔 가면 자기 밑에 신입이 배속될 즈음에는 당신도 돋보이는 선배로서 후배의 표적이 될 것이다.

48

의지하려는 마음을 버려라

❖ 주체성과 창조성은 수동적이어서는 터득할 수 없다

❖ 의타심을 버리고 나만의 것을 만들 것

학창시절은 주어진 테마에 대해 배우고 테스트를 받거나 리포트만 제출하면 됐다. 즉 수동적이라 하더라도 해나갈 수 있었다.

그러나 사회에 나오면 기본적으로는 주어진 테마에 대응하면 되지만 현대의 비즈니스에서는 개인의 주체성과 창조성이 요구되고 있다. 이러한 것들은 일에 대해 수동적인 사람은 결코 익숙해질 수 없는 것이다.

지금까지는 회사가 거의 준비해 주었다. 사내교육 매뉴얼, 영업노하우 등 그저 그것들을 처리해가면 목표치를 달성하게 되고 평가도 받았다. 그러나 그것만으로는 안 된다.

가끔씩 회사 상사가 이렇게 소리칠 때가 있다.

"그래서 당신 생각은 뭐요?"

아무 생각 없이 들고 들어간 신입사원의 문서에서 일어나는 트러블이다.

앞으로는 지금까지 이상으로 혹독한 경쟁사회가 되어간다. 이러한 시대에는 과거의 지식이나 모델케이스들을 숙지한 위에 자기의 센스나 아이디어를 적극적으로 제시해 연구하고 실행해가는 힘이 필요한 것이다. 전례가 없기 때문에 도전하는 의미가 있고, 그 성공은 결실이 큰 것이다. 그렇다 해도 무턱대고 과거를 부정하고 좋아하는 것만 하면 된다는 것은 아니다.

아무리 새로운 도전일지라도 그것이 성공하고 현실적으로 이익을 낳을 수 있다는 명확한 전망이 필요하다. 적어도 회사의 톱이나 상사 또는 고객들을 설득할 수 있는 근거와 논리성이 없으면 안 된다. 우선은 의지하려는 마음을 버리고 적극적으로 나만의 것을 만들어 내려는 자세, 그것이 자기 몫을 제대로 하게 되는 첫걸음이라고 할 수 있다.

49

도전하는 자세를 가져라

비즈니스에 초조감은 금물이지만 소극적인 것은 더욱 안 된다. '어차피 나는 안 된다'고 생각하지 말고 항상 실력보다 조금 위를 향해 도전하는 의욕을 지속적으로 발산시켜 간다.

학교를 졸업하고 회사에 입사하면 기본적인 일의 흐름이나 일상적인 업무에 대해 어떠한 형태이든 간에 지도가 필요하다. 회사에 따라서는 신입사원 연수라는 형태로 이루어지는 경우도 있다. 그러나 프로의 비즈니스맨으로서 성장해가는 것은 어느 정도

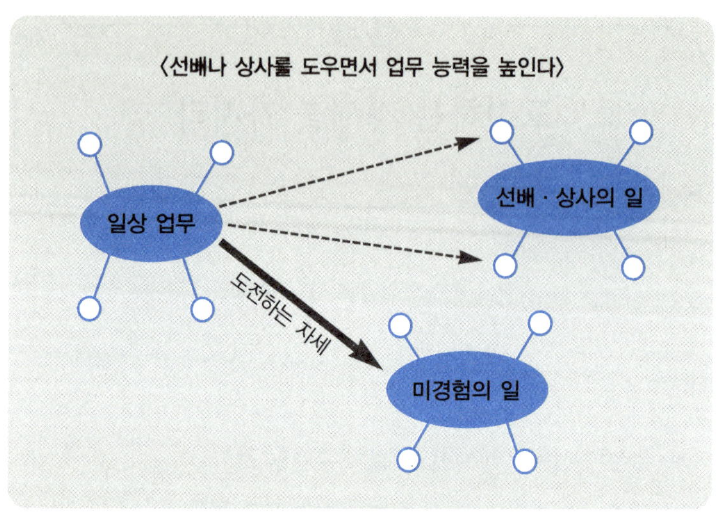

의 기본을 습득하고 실제로 업무를 수행하는 것부터 시작된다.

일상의 업무에 기초한 훈련을 OJT(On the Job Training)라고 한다. 이 기간에 지도를 받고 배우고 체험해 다양한 것을 몸에 익혀가는 것이다.

신입 때는 모르는 것이 있으면 우선 묻고 자주 부딪치고 더 자주 선배들과 어울리며 일을 만들라.

그리고 자기가 아직 경험하지 않은 일에 도전하는 기회가 있다면 자진해서 도전하는 의사표시를 한다. 객관적으로 무리라고 선배나 상사가 판단하면 '너에게는, 아직 무리다' 라고 할 것이다. 그때에는 자연스럽게 따르면 되는 것이다.

실패하는 것 자체가 수치는 아니다. 실패로부터 배우지 않는 것이 수치인 것이다. 성공이라는 것은 실패하지 않는 것이 아니라 실패를 실마리로 하여 스스로에게 동기부여를 하고 거기서 배우는 것이다.

50

멘토를 제대로 만나는 것은
인생의 축복이다

❖ 당신을 지원해주는 사람이 멘토(Mentor)다

❖ 경력관리는 혼자 힘으로는 한계가 있다

당신이 일하는 중에 경력(커리어)을 키워가는 첫걸음은 조직에 친숙해지는 것, 즉 독자적인 룰이나 사회인으로서의 매너를 몸에 익히는 것이다. 그 다음에 지금의 일에 필요한 지식이나 기술 또는 노하우를 몸에 익혀 거듭해서 장래의 커리어 개발에 필요한 것들을 습득해가는 것이다. 그 속에는 당신이 깨닫지 못한 것이나 독선에 의한 잘못된 판단, 당신의 노력만으로는 해결할 수 없는 것들이 많이 있다.

아무리 잘 해도 신참들에게는 한계가 있다. 군에 가서 보면 고참들이 큰일을 능숙하게 처리해 내는 것을 보면 알 수 있는 일이다. 회사라는 조직도 똑같다. 능력 없는 고참으로 보여도 정작 일을 만나면 큰일을 무리 없이 해치우는 모습을 볼 수 있다. 이런 것이 경력이다. 그럼 처음부터 이런 경력을 갖출 수 있을까? 절대 불가능하다. 그러므로 경력을 가진 멘토들이 필요한 법이다.

당신 주위에서 이런 사람들이 있을 것이다.

1 부드럽게 조직에 적응할 수 있도록 지도해 본보기를 보인다.

2 일을 가르친다.

3 일을 도와 실패하지 않도록 한다.

4 지식 습득에 필요한 정보를 알려주는 등 당신의 커리어를 키우는 것을 도와줄 사람이 있다.

5 항상 웃는 얼굴로 대하며 기분을 부드럽게 하거나 활력이 넘치게 해 준다.

6 낙담하고 있을 때 격려하거나 기분전환을 유도해준다.

7 사생활에 대해서도 상담에 응해주는 등 정신적인 지주가 되어줄 사람이 있다.

이처럼 개인적인 인간관계 속에서 당신의 커리어 향상에 도움을 주는 사람을 멘토(Mentor)라고 한다. 이런 멘토를 잘 만나는가 아닌가에 따라 우리의 인생은 큰 차이가 난다. 훌륭한 멘토는 훌륭한 제자를 낳는 법이다.

당신이 커리어를 키우고 싶다면 적극적으로 자기의 커리어모델이나 다양한 지식·기술·노하우를 개인적으로 지도해 줄 수 있는 사람을 찾거나 이미 원조를 해 주고 있는 사람을 재인식하는 일이다. 그 분들이 바로 멘토들이다. 그리고 그러한 멘토와 적극적으로 우호적인 인간관계를 만들어야 한다.

그러기 위해서는 다가가서 아부할 필요는 없지만 정확히 경의를 가지고 교류하고, 자연스럽게 그 같은 지원을 받아들인다는 자세가 중요하다. 그것이 상대방으로 하여금 장기간에 걸쳐 당신의 멘토가 되어 주도록 하는 최선의 길이다. 그리고 언젠가는 당신도 훌륭한 멘토가 되어 제자들을 길러내게 될 것이다.

2부

배우고 익혀야 할 구체적인 목표와 행동들

51

비즈니스는 팀워크임을 잊지 말라

❖ 단독행동이라는 것은 '더하기'로 계산할 수밖에 없다

❖ 팀워크란 '곱하기'로 답을 내는 사고방식

개성과 독불장군, 언뜻 보면 닮아 있다. 하지만 완전히 다른 것이다. 비즈니스는 팀워크이다. 비즈니스에서 제 멋대로 하는 것은 용납되지 않는다. 반면에 개성이 없는 비즈니스맨은 발전하지 못한다. 이것을 잘못 받아들여서 너무 오버해도 팀워크를 흐트러트린다. 개성과 제 멋대로 하기, 어디가 어떻게 다를까? 이 말에 대한 정의는 하나가 아니겠지만 비즈니스 현장에 있어서는 아주 뚜렷하다.

개성

팀이 행동하려 하고 있는 방침(행동의 큰 틀)이다. 이것을 국가로 말하면 헌법과 같은 것이다. 이것을 이해하는 것이 출발점이다. 다음으로 자기에게 주어진 역할(입장)을 명확하게 알고, 그 다음에 모두와 협력하는 것이다.

이런 전제 하에 역할수행의 방법에 대해 머리를 짜내어 퍼포먼스의 향상을 꾀한다. 이것이 개성이다.

프로야구의 연계 플레이를 생각해보면 잘 알 수 있다. 좋은 플레이를 보면 그것이 자기가 응원하는 팀의 상대팀 플레이라 해도 내심으로는 경의를 표하게 되는 것처럼 개성이 넘치는 비즈니스 감각과 실천이야말로 아무나 할 수 있는 것이 아니다. 부단한 노력과 개선, 도전 정신 등이 개성의 밑거름이 되는 것이다.

독불장군

팀의 운영지침이라는 행동의 큰 틀을 생각하지 않고 거기서 벗어난 행동, 그것이 '독불장군'이다. 이럴 경우 부분적으로는 역량을 발휘한다 해도 팀의 시스템 파워를 베스트로 발휘할 수는 없다.

단독행동이라는 것은 어차피 '더하기'로 계산할 수밖에 없다. 팀워크라는 것은 '곱하기'로 답을 내려는 생각이다. 득점권에 런너가 있으면 홈런을 노리지 않고 런너를 불러들이는 것에 전념하는 것이 팀 야구이다. 비즈니스도 조금도 다르지 않다.

52

인간관계를 원활히 하는 요령

❖ 상대의 제안을 선의로 받을 것

❖ Yes, But이나 No, But을 능숙하게 사용한다

원활한 인간관계라고 해도 회사의 경우는 학교 동창회나 주변의 교제와는 질이 다르다. 동창회나 주변의 교제는 마음이 내키지 않으면 멀어지는 일도 있지만 회사에서는 그렇게 할 수 없다. 마음이 맞지 않는 사람과도 가능한 한 마찰을 일으키지 않고 업무를 진행하지 않으면 안 되는 것이다.

하지만 회사에서는 고객이나 상사로부터 'Yes라고 대답하기 어려운 선의의 제안'이나 '무리한 제안'을 받는 일이 종종 있다.

그럴 경우 어떻게 할 것인가?

대응법

우선 제안을 하는 사람이 상사든 부하든 간에 그의 기분을 생각하는 것이 중요하다. 상대의 기분은 크게 두 가지로 나누어진다.

기분(1) : 제안을 하는 측이 내가 선의의 기분을 가져 주기를 바라면서 내는 제안이다.

기분(2) : 제안의 내용을 실현시키고 싶어서 내는 것으로, 내가 구체적인 행동을 해주기를 바라면서 내는 제안이다.

상대는 '가능하면 선의로 제안을 받아들이기를 바란다. 가능하면 개선을 생각한 제안도 해 주면 좋고…' 라고 생각하고 있을 것이다. 그러니까 정면에서 단호히 거절하면 선의까지 무시해 버린다고 느낄 것이다. 충분히 납득한 것처럼 느껴지도록 하는 것이 중요하며 거절해야 할 때는 확실하게 그 이유를 설명하면서 선의로 뜻은 받아들이되 받아들일 수 없는 형편을 설명하라. 그 것이 비즈니스의 에티켓으로 바로 'Yes, But' 라고 할 수 있다.

결국 제의해준 성의에 감사하고 제안의 총론에도 공감을 나타
낸 후 구체적인 각론의 일부분에 대해서 제안을 받아들일 수 없
다는 이유를 말하는 것, 즉 제안 전체에 대해서 부정적 생각을 말
하지 않는 것으로 상대는 '선의는 받아들여졌다'고 느끼게 된다.

또 하나는 'No, But'이다. 상대의 제안은 단호히 거절하지만
대안을 제시하고 무조건 거절하는 것이 아니라는 것을 부드럽게
전달하는 것이다. 요점은, 판단을 할 때 인품과 제안을 분리하여
인품은 받아들인다는 자세를 명확하게 하는 것이다.

53

상사 쪽 동료와 접할 때의 사고방식

❖ 인간관계의 어려움은 각자가 자기의 기준을 가지고 있다는 것

❖ 상대의 기준을 빨리 간파하는 것이 인간관계를 부드럽게 하는
요령

인간관계의 어려움은 개개인이 자기의 기준을 가지고 있다는 것이다. 그 자체는 좋은 것이고 당연한 것이다. 문제는 각각의 사람들이 자기의 기준을 중심으로 하여 사람을 판단한다는 것이다.

그러므로 상대의 기준을 가장 빠르게 간파하여 그에 어울리는 대응을 하면 인간관계를 부드럽게 하고, 당신의 주장이나 희망을 달성할 수 있는 확률은 대폭 늘어난다. 성격은 숨겨도 나타난

다. 옷차림, 말투, 인사, 자세, 표정, 화제, 화술, 걷는 자세 등으로 살필 수 있는 것이다.

타입의 분별

사람을 상대하는 것은 그 사람을 어떤 타입으로 분류하는지, 또 어떤 기준을 적용할 것인지 고민해야 하는 것이다.

여기에서는 내향적 ↔ 외향적, 논리적 ↔ 감각적을 기준으로 성격을 4가지로 나누어 생각해보아야 한다. 문제는 사람의 성격은 4가지로 나눌 정도로 그렇게 단순하지는 않다는 것인데 그렇다 하더라도 표면적인 성격을 판단할 수 있기 때문에 이런 식의 분류는 대단히 중요한 판단의 근거가 된다.

◇ 외향적이고 감각적

이 타입을 '반짝반짝형' 이라고 한다.

◇ 외향적이고 이성적

이 타입을 '시원시원형' 이라고 한다.

◇ 내향적이고 감각적

이 타입을 '느긋느긋형' 이라고 한다.

◇ 내향적이고 이성적

이 타입을 '차근차근형' 이라고 한다.

다음 항에서 사귀는 법과 대응법을 소개한다. 이러한 궁합을
알고, 에티켓과 매너로 궁합이 잘 맞지 않는 사람과도 잘 맞추어
간다면 직장 내나 거래처에서 즐겁게 충실한 인간관계를 쌓을 수
있을 것이다.

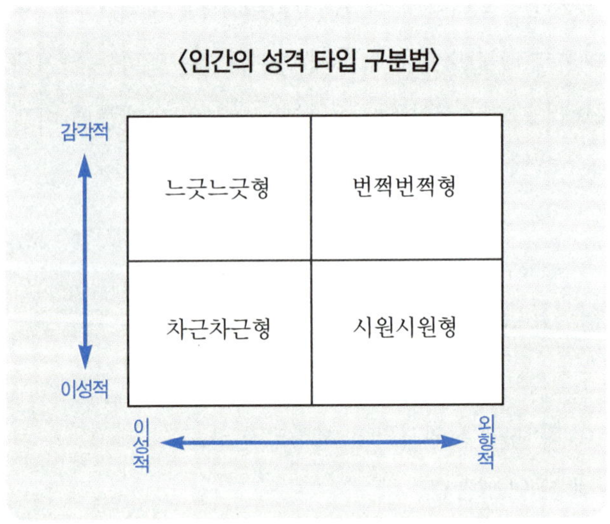

54

4가지 타입의 분별법과 사귀는 법

❖ 내향적인지 외향적인지에 따라 사람의 성격은 달라진다

❖ 각각의 기본을 조합해서 4가지 타입으로 분류해 볼 것

왜 다른 성격이 되는가. 그것은 사람이 서로 다른 개성을 갖고 있기 때문이다.

기본에 있는 내향·외향이라는 성격과 이성적·감각적이라는 성격에서 유래한 이런 차이는 개인과 조직의 트러블의 원인이 되고 있다.

반짝반짝형의 분별법

화려함을 선호. 유행에 민감. 충동적 행동형. 빠른 말투. 활기참. 박식함. 생각이 빠르다. 감정적. 화제가 갑자기 바뀐다. 큰 제스처. 칭찬받으면 기뻐한다. 자주 쓰는 말은 '꼭' 이나 '~으로 정해져 있다'.

• 사귀는 법 : 데이터가 없는 것은 논쟁하지 않는다. 자신의 감정을 말하지 않는다.

시원시원형의 분별법

견실형. 유행에는 관심이 적다. 계획 실행형. 단정형. 이성적. 화제는 일에 대한 것으로 짧다. 눈은 엄하게 상대를 직시. 자주 쓰는 말은 '반드시' 나 '~해야만 한다'.

• 사귀는 법 : 결론부터 이야기한다. 변명하지 않고 필요한 말만 한다. 약속은 지킨다. 눈을 보고 말한다. 상대를 존중하며 교제한다.

느긋느긋형의 분별법

조용함. 유행은 알지만 쫓지는 않는다. 계획성은 적다. 결단은 잘 못함. 조정적. 감각적. 숨은 멋쟁이. 화제는 상대 쪽이 많다. 눈은 부드럽다. 자주 쓰는 말은 '어쩌면'이나 '~라면 좋은데'.

• 사귀는 법 : 기분 중심으로. 결과보다 과정, 과정보다 동기를 중시. 다소 응석부려도 좋다. 몰아붙이지 않는다.

차근차근형의 분별법

외로운 초연형. 유행에는 무관심. 열광적인 계획형. 깊고 좁게 추구. 마이 페이스형. 논리적. 말은 분석적. 눈을 내리깔기 쉬움. 자주 쓰는 말은 '잘 조사해서', '확인해서'.

• 사귀는 법 : 집요하지 않게. 눈을 주시하지 말 것. 데이터는 정확히. 설명은 구체적으로 해준다.

55

타입간의 궁합과 능숙하게 대하는 법

❖ 자기와 상대 타입의 궁합과 대응법을 알아두는 것이 중요

❖ 자기주변의 인간관계를 생각하고 응용해 볼 것

자기 타입과 상대 타입과의 궁합을 보자.

반짝반짝 ↔ 반짝반짝

서로 자기 자랑으로 불꽃이 튄다. 나쁜 조합.

서로 부딪히지 않도록 하고 형식적으로 표면적인 교제로 원만히 사귀는 것이 무난하다.

반짝반짝 ↔ 시원시원

명예 중시형과 실리 중시형으로, 같은 집에서의 생활이 가능.

반짝반짝 ↔ 느긋느긋

서로가 모자라는 것을 보완해주는 좋은 조합.

반짝반짝 ↔ 차근차근

가치관이 너무 달라 조합은 최악.

다른 사고방식의 존재를 서로 이해하면 의외의 조합이 나올 수 있다.

시원시원 ↔ 시원시원

처음에는 대립하지만 서열이 결정되면 서로 협력. 가치관이 같기 때문에 좋은 비즈니스 파트너가 될 수 있다.

시원시원 ↔ 느긋느긋

가치관이 달라 조합은 별로. 서로의 성격을 이해하고, 그 좋은 점을 서로 인정하면 업무상 잘 될 수도 있다.

시원시원 ↔ 차근차근

두 쪽 모두 이성적이기 때문에 비즈니스나 단체행동 때에도
적합.

느긋느긋 ↔ 느긋느긋

내향적인 사람끼리 사적으로 최고의 조합이나 비즈니스에선
좀 문제가 없을지.

느긋느긋 ↔ 차근차근

자기주장이 적어 좋은 조합.

차근차근 ↔ 차근차근

불간섭, 불협력. 나쁜 조합은 아니지만 팀워크로서의 업무는
불가.

56

경어를 제대로 쓰는 것이
비즈니스의 기본

❖ 경어의 기본은 상대를 존경하는 마음이다

❖ 대화의 시작과 끝은 존경어로 정중히 인사하고, 중간은 정중한
말로 이야기한다

경어의 기본은 상대를 존경하는 마음이다. 마음으로 상대를 존경하면 빌음, 자세, 표성, 행농 등에 그 기분이 배어나온다. 우리들 대부분은 아이에서 어른으로 성장하는 과정을 통해 상대의 목소리를 분류해 듣는 것이나 표정의 분별을 몸으로 배우고 익혀 간다.

말 이외의 태도나 표정 등으로 존경의 기분이 나오면 말이 다

소 틀려도 허용되는 경우도 있다. 그래서 말을 제대로 사용하는 것은 사회인의 필수 요건이다.

존경어에 익숙해지라고 강조해도 곧바로 몸에 익혀지는 것은 아니다. 훈련이 필요하다. 그때까지는 다음과 같은 포인트를 엄수하도록 한다.

우선 대화의 시작과 끝은 존경어와 정중한 인사를 하고, 중간은 정중한 말로 이야기하는 것이다.

'오늘 바쁘신 와중에도 귀한 시간을 내주셔서 감사합니다' 라는 식으로 정중하게 시작하는 것이다. 익숙하지 않으면 서툰 존경어를 사용하는 것보다도 정중한 말로 해두는 쪽이 무난하다. 대화 도중에는 정중한 말로 충분하다. 부족한 부분은 상체를 조금 상대방 쪽으로 수그린 자세와 존경을 베이스로 한 진지한 표정으로 보충한다.

정중한 말도 자신 없으면 우선 1인칭은 저, 2인칭은 상대방 호칭에 '님' 자를 붙이도록 한다. 이것부터 실행을 시작한다.

이것은 처음이 정중하면 계속되는 말도 정중해진다는 법칙에 따른 것이다. '나' 로 시작되면 '진행이 왜 이리 느려빠졌소?' 가

되고, '저'라고 시작되면 '진행이 왜 이리 늦어지는 겁니까?'로 되는 것이다. '저'와 '~님'을 실제 대화에서 시험해보라. 그 차이를 바로 알 수 있을 것이다.

Note.

57

어디까지 무례해도 좋은가?

❖ 비즈니스에 있어서 무례는 절대 금물

❖ 상황을 분별해서 자기 어필을 하는 것은 필요

회식에서 상사가 '오늘은 무례해도 좋다, 마음껏 놀아라'라고 할 때가 있다. 예컨대 '야자타임'이다.

그러나 정말로 무례해도 좋은 것일까? 절대로 그렇지 않다. 이 것은 일종의 사교적 언어서비스라고 생각하는 것이 좋다.

이 말은 '무난하게 놀아줘도 좋아'라는 것인데 그렇다고 무례 해도 좋다는 말은 결코 아니다. 부하 쪽에서도 생각이 있는 부하 는 '무례해도 좋다'고 말한 상사의 생각을 알고 있다. 그것을 고

맙게 받아들여서 떠들썩하게 기분 좋게 마시고, 술자리의 흥을 돋운다. 하지만 "무례해도 좋다"가 흐트러지는 것은 아니다. 그것이 성인들의 교류이다. 학창 시절 MT와 다른 것이다.

고객과도 같다. 비즈니스에 있어서 무례해도 좋은 것은 없다. 술의 힘을 빌려 고객이나 상사에게 시비를 걸어서도 안되지만 논쟁이 붙었다하더라도 예의는 지켜야 한다. '입니다' 의 자세를 버리지 말자는 것이다. 상대가 시비를 걸어올 경우라도 맞대응하지 말고 화제를 바꾸는 등 한발 빼도록 하자.

그러나 무례한 것은 피하더라도 자기어필은 중요하다. 상황을 잘 간파해서 자기의 장점이나 하고 싶은 일은 확실하게 어필하도록 한다. 또한 흥겨운 자리에서는 분위기의 흥이 깨지지 않도록 한다. 그것이 가능한 사람은 업무 현장에서도 '배려하는 마음이 있는 사람' 이라고 상사는 생각할 것이다. 때에 따라 익살스러운 역할이 되는 것도 좋다. 이런 역할은 현명하지 않으면 할 수 없는 일이기 때문이다.

그러나 사람에게는 자신 있는 것이 있으면 자신 없는 것도 있다. 억지로 그런 역할을 사서 할 필요는 없다. 자기의 개성이나 특색을 표출해낼 수 있을 때 하면 좋은 것이다.

58

고객에 대한 말씨는 달라야 한다

❖ 고객은 전부 '왕'처럼 대하라

❖ 정중한 말과 겸양어는 기본, 자세와 표정으로 존경의 기분을
   보일 것

고객에 대한 말씨에는 우리들이 일상생활에서 쓰는 말씨와는 다른 룰이 있다. 그것을 구별해두는 것이 중요하다.

우선 최초로 의식해 두지 않으면 안 되는 것은 그 고객에게 있어서는 당신이 말단이든 관리자이든 간에 고객을 대하는 시점에서는 회사의 대표가 된다는 것이다. 고객에 있어서는 당신의 인상이 바로 회사의 인상이 된다. 그러므로 고객은 모두 왕이라고,

나보다 전부 윗사람이라고 생각하며 대하는 것이 현명하다는 것이다. 아주 친해지면 다소 달라져도 좋겠지만 고객에게 너무 스스럼없이 대하는 것은 실례가 될 수도 있다.

'친하다'와 '스스럼없다'와는 어디가 어떻게 다른 걸까. 여러 가지 설명이 있을 수 있겠지만 소위 TPO(Time · Place · Occasion)를 잘 생각하면 어느 정도 대응법을 알 수 있다.

말씨는 상대의 성격에 따라 다르다. 과도하게 경어를 사용하면 싫은 얼굴을 하는 사람도 있고, 기분이 좋아지는 사람도 있다. 상대방의 타입을 간파하면 된다.

예를 들어 차근차근형에게 경어는 조심스럽다. 신입의 말씨는 '정중한 말'과 '겸양어'를 기본으로 하면 좋다. 정중한 말의 자세, 표정까지 존경의 기분을 나타내면 더 좋은 인상을 안겨줄 것이다. 베테랑이 되면 말과 자세는 일치시켜야 한다.

하지만 제대로 된 경어나 정중한 말은 쉽게 몸에 익혀지지 않는다. 그래서 신입일 때는 자세와 표정으로 우선 커버하는 것이 좋다.

59

상사에 대한 말씨를 익혀라

회사 안에서 말을 어떻게 해야 하는가는 그 회사의 기업문화와 관련이 있다. 기업문화는 곧 사풍이다. 사풍이란 회사의 분위기로 상사의 호칭 등은 선배를 본받아야만 하는 것이 보통이지만 일반적인 예를 들어보자.

~씨

가장 폭넓은 호칭은 '~씨'이다. 통상의 경우에 통용되는 호칭이다. 그러나 별 차이가 없이 느껴진다고 해서 선배에게 함부로 썼다가는 큰일이다. 나이 드신 선배에게 갓 입사한 신입이 '~씨'라고 불렀다가는 버릇없다고 경을 칠 수가 있다.

직책명

과장이나 부장이라는 직책명은 그대로 호칭이 되는 일이 있다. 많은 사람 속에서는 'OOO 과장님'이 있다. 부서 내 과장이라는 직책의 사람이 한 명이라면, '과장님'만으로 충분하다. 직책명은 경어이다. 풀네임과 직책명을 합하여 부르는 것이 가장 공식적이고, 직책명만을 부르거나 성씨를 부르는 것은 비공식적인 느낌이 있다.

'OOO 과장님'이나 '과장님', 'A 씨'나 그 분리사용은 사풍만이 아니라 상대의 성격에 따라서도 다소 달라진다.

외향적인 타입에게는 공식적인 호칭을 사용한다. 상사나 고객에 대한 말씨는 어디까지나 존경어를 사용하도록 한다. 상사에게 방문자가 온 경우 '찾습니까?'가 아니고 '찾으십니까?'라고 한다.

또한 '먹습니까?'가 아니고 '드십니까?', '봅니까?'가 아니고

‘보십니까?’ 가 바른 표현이다.

또한 동료에 대해서는 정중한 말이면 좋다. ‘이 자료 볼래?’ 가 아니고, ‘이 자료 보겠어요?’, ‘밥 먹으러 가자’ 가 아니고, ‘식사하러 갑시다’ 와 같은 표현을 쓰도록 한다.

Note.

60

말씨는 상황에 따라 변해야 한다

❖ 말씨는 상황에 따라 분리해 사용하는 것이 필요

❖ 대화 상대와의 관계로 말씨를 선택할 것

평등과 공평이라는 말이 있다. 닮은 말 같지만 다른 것이다. 이 문제를 좀 자세하게 살펴보자. 뉘앙스의 차이가 분명히 느껴지는 것이 있을 것이나.

우선 평등이란 말을 보자. '뭐든지 같고, 누구나 같음'이 평등이다. 평등하다는 것은 좋다 나쁘단 말이 아니다. 기준이 똑같이 적용된다는 말이다.

그러면 공평은 무엇인가? '입장이나 상황을 배려한 다음에' 가

공평이다. 그러므로 공평이라 함은 사실 평등과는 다른 것으로, 구성원의 상황에 따라 적절하게 대응하는 방식이다. 당연히 평등과는 불일치가 일어나는 것이다.

다시 말해서 평등은 단순하고 알기 쉬운 것이지만 다듬지 않은 기준이다. 그러나 사람에게 세심하게 대하려면 '공평'의 감각이 필요하다. 말씨도 같다. 상대와 세심하게 대화하려면 입장이나 상황에 따른 적절한 말로 분리해 사용하는 것이 필요하다.

상사와 자신에 대하여

◇ 퇴근 후 간단한 회식 등의 경우

이러한 때는 '입니다'라는 정중한 말과 자기에 대한 일상어 표현으로도 충분하다.

◇ 송별회 등에서 상사에 공식적인 인사말을 하는 경우

이러한 때는 정중한 말과 자기를 낮추는 '~하시겠습니까?' 등 겸양어를 적절히 조합하는 것으로 된다.

전 동료나 후배에 대하여

◇ 친구관계이고, 주위에 다른 사람이 없는 경우
소위 '친근감 있는 반말투'로 편하게 말하면 된다.

◇ 친구관계가 아닐 때
친구관계가 아니면 사람이 있어도 있지 않아도 정중한 말을 사용한다. 자신에 대해서는 일상어든 겸양어든 그것은 그 사람과의 관계에 따른다.

◇ 외부인과 자신
자기의 상사에 대하여 이야기 할 때에는 존경어나 정중한 말을 쓰지 않는다. 일상어 또는 겸양어를 사용한다. 같은 집단의 사람에 대하여 겸손한 언어를 사용함으로써 간접적으로 상대에 경의를 표하는 것을 나타내는 것이다. 예를 들면 부재중인 사람이 자기 상사라 할지라도 '~부장은 오늘 출장 중인데 급한 용무라면 연락할까요?'로 응대하라.
그러나 실제 일본에선 자기 윗사람을 이야기할 때 낮추어 이야기하는 것이 일상화되어 있는데 우리나라에선 이상하게 여기는 경우가 있다는 것이 문제다.

보통 "부장님 안 계신데요"라고 대답하는 것이다. 그렇다면 어떻게 하는 것이 좋을까? 원칙과 실제의 갭을 줄이는 방법이 얼마든지 있다.

"부장님, 외출중입니다." 이정도면 무난하지 않을까?

이렇게 현실적으로 응대하는 법만 잘 익혀도 예의바른 사람이라는 소리를 듣게 된다.

61

매너는 비즈니스에서 필요충분조건이다

❖ 충돌을 막는 윤활유가 '매너'다

❖ 조그만 배려로 분위기를 얻을 것

사회에는 룰이 있다. 국가 차원에서는 법률, 회사 레벨에서는 사규, 사칙이다.

그러나 룰민으로는 부족하나. 룰만으로 일을 해나갈 수 있지만 그것만으로는 원활하게 돌아가지 않을 수도 있다. 이에 대한 윤활유로 '매너'가 있는 것이다.

그런데 자기가 미처 깨닫지 못하고 범해버린 매너 위반은 남에게 당해보면 화가 나는 경우가 많다. 그처럼 상대에 대한 매너를 잘 지키지 못하면 상대가 상처를 받게 되고 그로 인해 분노의 감정이 생기면서 잘 될 비즈니스나 작업도 잘 되지 않는다.

또한 매너위반을 할 정도의 사람에 대해서는 인간성 그 자체를 신뢰할 수 없게 된다. 그렇게 되면 업무 이전에 교제나 대화하는 것 자체가 불쾌한 것이 된다.

매너는 말하자면 헬멧의 안쪽에 있는 부드러운 부분 같은 것이다. 법률이라는 딱딱한 부분을 부드럽게 떠받치는 것이 매너다.

우리나라는 '체면(면목)' 이라는 한국식의 고유한 매너로 질서가 유지되어 왔다. '체면'을 느끼는 것은 세상에 대한 것이다. '체면이 말이 아니다!' '세상 볼 면목이 없다!' 등과 같은 말들을 자주 사용해 온 것도 그 때문이다. 최근 들어서는 '체면'이나 '세상' 이라는 감각은 약해졌지만 그렇다고 해서 매너가 필요 없어진 것은 아니다. 회사 안에서나 거래 관계상에서도 최소한의 매너는 지켜져야 할 것이다.

모든 한국의 기업인들(정치인도 포함해서)이 이를 명심하면 한국은 정말 살기 좋아지게 될 것이다. 경제성장도 GNP도 GDP도 관계없는 것이지만 매너가 갖추어진 나라가 선진국으로 취급받는다는 사실을 잊지 말자.

매너를 향상시키는 데 특별한 노력은 필요 없다. 품이 더 드는 것도 아니다. 그저 약간의 배려, 다정한 말, 자연스럽게 웃는 얼굴 등으로도 충분하다.

62

지피지기면 백전백승

❖ 주위로부터 배울 점을 찾아내라

❖ 상대의 습관에 대한 이해가 출발점

상대방과의 매너를 두고, 기본은 조화하려는 마음이라는 사실을 기억하기 바란다. 상대와 일심동체까지는 가지 않더라도 원만하게 사귀고 싶다는 마음이라야 하는 것이다. 또 한 가지 바란다면 상대의 습관에 대한 이해와 배려이다. 국가, 지방, 기업 등 모든 조직에는 그들의 삶이나 비즈니스 습관, 전통들이 있는 법이다. 이를 조직문화라고 하며 사풍 혹은 기업문화라고 부르기도 한다.

매너는 이런 기업 문화를 존중하는 데서부터 출발한다. 매너는 세계 어디에서도 통용되는 기본적인 것과 지역이나 기업 안에서만 통용되는 것이 있다. 물론 기본적인 것부터 최소한 익혀두는 것이 중요하다.

'배우는 것보다 익숙해져라', '로마에 가면 로마법을 따르라' 등 여러 가지 이야기들이 있지만 기본적인 것도 문화에 따라 다르므로 우선은 남들로부터 배우는 것이 지름길이다. 배우려고 마음만 먹으면 모델은 얼마든지 있다.

상사를 포함한 회사 내 사람들이 그들이다. 전화 응답, 상사와의 관계, 고객 응대 등 필요한 것들을 본받아 보자. 우선 모범이 될만한 선배를 선택한다. 당당한 업무태도로 상사와의 커뮤니케이션이 잘 되는 선배를 모범으로 삼아 흉내를 내는 것이다. 그 선배는 이미 회사의 업무 흐름을 잘 알고 있을 터이므로 그에게서 기본 매너를 배워보자는 말이다.

좋은 선배가 발견되면 매너뿐 아니라 일하는 법도 흉내내보자. 신봉하라는 뜻이 아니고 포인트를 발견하고 소화해서 본받으라는 것이다.

본받아야 할 것은 사내에 한정되지 않는다. 고객의 대부분은 여러 가지 경험을 쌓고 있다. 각각의 인생관이나 식견을 가지고 있을 것이다. 사회생활의 많은 만남이 휴먼네트워크로 발전하는 것이기 때문에 그를 통해서도 배울 수 있다.

선배의 경우와 마찬가지로 '좋은 모델'이라고 판단되는 고객이 있다면 그 고객의 좋은 점을 배워 보자.

Note.

63

섬김과 높임으로 자신을 키우자

❖ 섬김의 리더십으로 자신이 돋보인다

❖ 상대를 높인다는 것은 상대의 입장을 알아주는 것

여러분 앞에서 자리에 없는 사람의 험담을 하는 사람의 90%는 당신이 없는 곳에서 당신의 험담도 할 수 있는 사람이다. 당신이 부재중인 사람의 험담을 하면 당신에게 돌아오는 것은 수준이 낮은 사람이라는 인상을 주는 것이 고작이다.

친구라도 같다. 다 아는 친구의 일이 화제가 되면 좋은 점을 생각해내 오히려 덮어주고 칭찬하며 변명해 주는 것이 좋다. 단, 빈말은 삼가는 것이 좋다.

평소에 친구들의 장점을 발견하는 노력을 해두는 것도 좋은 습관이다. 나쁜 점은 바로 말할 수 있지만 좋은 점을 표현하기는 쉽지 않기 때문이다. 사람은 이해받는 일에 굶주려 있다. 술집에서 화제의 대부분은 상사나 동료에 대한 평, 그것도 악평일 때가 많지 않은가.

두 번째로 많은 것이 '나를 알아주지 않는다' 는 푸념이다. 상대의 인간성 그 자체를 이해해주는 것이 중요하다. 그러나 형식적인 것은 안 된다. 정말 알아주려면 의외의 에너지가 필요한 법이다. 그러기 위해서는 우선 상대의 입장을 이해해야 한다. 상대를 높인다는 것은 상대의 입장을 알아주는 것과 거의 같은 의미이기 때문이다. 알아준 만큼 상대도 당신의 입장을 알아줄 것이다. 인간성과 입장을 이해해 주는 것, 적당한 정도로 기대를 받는 것, 이 두 가지는 사람을 움직이는 큰 파워이다.

득실만 따져도 상대를 높여 손해 보는 것은 없다. 단 비즈니스의 마무리단계는 상대를 높여주는 것만으로는 안 된다. 경험을 쌓은 다음 정확한 판단을 할 수 있도록 내공을 쌓아야 한다.

64

오해를 막아야 비즈니스에 성공한다

❖ 오해를 막기 위해 가장 필요한 것은 매너다

❖ 장소와 분위기에 따라 달라져야 한다

초면이거나 교제가 얕은 상대를 판단하는 단서는 보이는 표정이나 몸짓, 들리는 목소리밖에 없다. 여기서 필요한 것은 최소한 불필요한 오해를 막는 것이다. 장소와 분위기에 따라 농담도 가려서 해야 하고 사람을 대하는 태도도 달라져야 한다.

술집이나 가벼운 연회장에선 좀 가벼운 조크와 유머도 통하지만 회의장이나 세미나장에선 그런 식의 태도는 '가벼운 사람'이라는 오해를 사기 십상이다.

회화의 매너

자기만 떠들지 않도록 조심한다. 차라리 상대에게 7~8할 떠들게 하는 정도가 더 좋다. 거기에 없는 사람의 험담은 하지 않는다. 반드시 본인에게 들어간다.

전언의 매너

'누구로부터, 언제, 무엇을, 어떻게 한다'를 명확하게 물어서 말을 전한다.

식사의 매너

가능하면 품위 있게 상대방과 먹는 스피드를 맞춘다.

파티의 매너

아는 사람끼리 모이지 않고, 가능하면 많은 사람과 웃는 얼굴로 접한다.

회의의 매너

반대되는 의견일 때라도 부분적으로 찬성할 수 있는 부분을 찾는다. Yes, But과 No, But을 사용한다.

전화의 매너

사적인 목적으로 회사 전화를 사용하지 않는다.

장문의 경우는 '얘기가 길 것'이라는 양해를 구하는 것이 중요
하다. 사람의 '본질'을 이해하려면 시간이 걸리는 법이다. 이와
같은 의미에서 보자면 나 자신을 상대에게 알게 하는 것도 시간
이 걸리는 법이다. 초면의 인상이 나빠도 실은 좋은 사람이었다
는 경우가 있을 수 있지만 비즈니스의 세계에서는 잘 통용되지
않는다는 사실을 명심하기 바란다.

65

자신을 주시하는
또 한 명의 자신을 기억하라

❖ 사회인이 되려면 자신을 컨트롤해야

❖ 이성적인 또 하나의 자기 목소리를 들어라

사회인이 되면 학창시절과 달리 자신을 컨트롤하는 것은 자신뿐이다. 컨트롤이라는 것은 이성이 작용하고 있는 것으로 이 이성에 의해 매너가 생긴다. 정중한 자리에서 어쩔 수 없이 정좌하는 일이 있다고 하자. 이러한 때 당신의 태도를 통해 자신을 볼 수 있다.

1. **다리가 아프다. 다리를 펴고 싶다** : 이것은 주관이다. 자

연스럽고 있는 그대로의 개인적인 자신이다.

2. **다리는 아프다. 하지만 이 분위기에서 참아야 한다** : 이것은 객관이다. 사회적인 입장(전체속의 자신)에서 사물을 보는 자신이다.

3. **다리가 아프다. 펴고 싶지만 사람이 보고 있다. 아무도 없으면 펴야지** : 이것은 사람의 눈을 신경 쓰는 자신으로, 임시로 '타관他觀'이라고도 이름 붙여보자.

1은 학창시절이나 유년시절과 같은 감각이다. 확실히 순수하고 자연스러운 것이지만 그대로는 사회에서 통용되지 않는다. 전체 속의 자신을 알고 자기의 입장을 안다는 것이 필요하다. 그러한 눈을 가져야 한다.

2는 사회인에게 필요한 눈을 가시고 있다. 입장을 아는 눈이다. 입장에는 역할이 있다. 서로가 그 역할을 적시에 처리함으로써 팀으로서 좋은 일을 할 수 있는 것이다. 야구, 축구 등의 연계 플레이를 생각해 보라. 이 눈은 때와 장소에 따라서 자기를 격려해주는 눈이다.

3은 이따금 눈에 띄는 약삭빠른 사회인으로 남의 눈을 신경 쓰며 행동한다. 팀플레이에는 맞지 않는다.

요구되는 인재는 2의 타입이다. 이성적인 또 한 명의 자기 내부의 목소리를 듣자. 그것이 사회인에게는 필수적인 매너다.

66

명함 주고받기가 가장 기본

❖ 직함이나 입장에 따라 다르나 원칙은 아랫사람부터

❖ 이름을 대고 명함의 방향이 상대방이 읽을 수 있도록 내민다

명함은 비즈니스 세계의 가장 기본이 되는 교제수단이다. 명함의 교환방법에도 그 나름대로 규범이 있다. 우선 명함은 직함이나 관계나 입장 등에 따라 나르시만 원칙은 아랫사람부터 내미는 것이 바른 것이다.

주는 경우

우선 가볍게 한번 인사하고, '○○사의 XXX입니다' 라고 이름을

말한 후 명함을 건넨다. 명함의 방향은 상대방이 읽을 수 있도록
확인하고 건넨다.

받는 경우

가볍게 목례를 하고 상대를 보면서 상체를 조금 앞으로 다가
선 자세로 받는다. 받은 명함은 정중하게 취급하고 영어나 한자
라서 잘 모를 경우는 성함을 정확히 알아두는 것도 중요하다. 자
칫 읽지도 못하는 명함을 받게 되는 경우가 있어 받아 놓고 속을
태우기도 한다. 특히 일본인과 중국인의 명함에서 이런 일이 발
생한다.

다수 명함에 대한 대응

다수의 상대들에게서 명함을 받았을 때는 책상 위에 상대방의
순서대로 명함을 놓고 미팅을 진행해도 실례가 아니다. 급하게
명함집 속에 넣고 이름을 기억하지 못하는 쪽이 더 실례이다. 이
것은 대단히 중요한 매너다. 다 익히고 나면 조용히 명함집에 넣
어도 좋다.

명함집

원칙으로 명함집에 넣을 것. 명함집을 넣어두는 곳은 보통은 안쪽 포켓이다. 어쩔 수 없이 바지의 포켓에 넣는 경우는 만나기 전에 안쪽 포켓으로 옮겨 두라.

점검

더러워지거나 접히거나 한 명함은 꺼내지 않도록 때때로 명함집을 점검한다. 명함은 떨어지지 않도록 보충해 두라.

67

좌석 순번의 상식을 익혀라

❖ 기본은 상대방의 마음을 편안하게 유지해 주는 이해심

❖ 예외는 언제든지 있다

사람을 만날 때의 기본 정신은 상대방의 마음을 편안하게 유지해주는 이해심이다. 여기서 말하는 좌석 순번이란 미팅 장소 등 '어느 한정된 공간에서의 자리'이다.

엘리베이터

타인이 없을 때는 상대에게 안쪽으로 들어가게 한다. 상대를 먼저 들어가게 하는 것이 매너다. 자기가 먼저 들어가 안의 안전

을 체크하고 '자 들어오십시오'라고 상대를 불러들이는 것도 실
례는 아니다. 어느 쪽이나 상대를 배려한다는 기분이면 상대는
알아보게 된다.

들어가면 자신은 작동 버튼의 옆에 서고 원하는 층에 도착하
면 상대를 먼저 내리도록 한다. 이미 다른 사람이 타고 있을 때는
매너 정신을 바탕으로 임기응변으로 대응한다.

승용차

승용차에 탈 경우, 제일로 생각해야 할 것은 '안전'이다. 그 의
미로 운전기사 뒷좌석이 가장 안전한 자리이고 조수석이 가장 위
험하기 때문에 말석이 된다.

그러나 한국에서는 상대방에 대한 예우 차원에서 좌석 순번이
정해지는 것이 일반적이다. 이 경우 좌석 순번은 1. 뒷좌석의 우
측, 2. 운선자의 뒷좌석, 3. 뒷좌석의 가운데, 4. 조수석이다.

응접실

여기서 좌석 순번을 결정하는 기준은 편안함과 접대의 마음이
다. 입구 부근은 사람의 출입이 있어 편안할 수 없다. 게다가 입

구에 등을 향하는 자리는 최악이다. 양실에서는 가장 깊숙한 입구가 보이는 장소가 상석이다. 창으로 훌륭한 경치가 보이는 장소가 있으면, 그것도 준 상석이다. 예외적인 경우는 대접하는 마음으로 상황에 따라 판단한다.

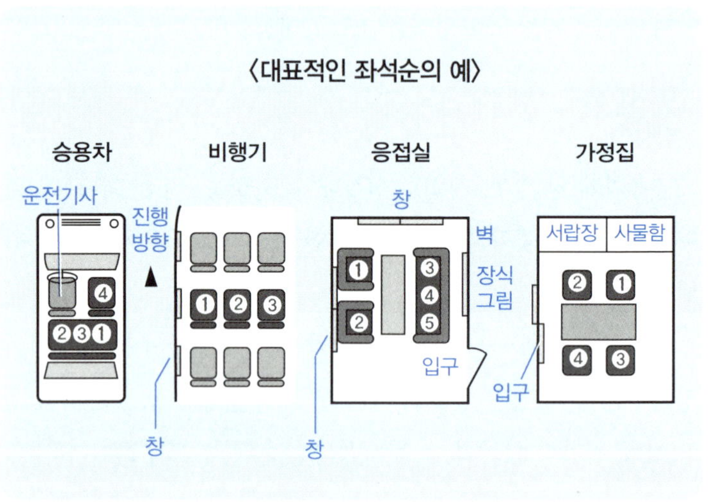

〈대표적인 좌석순의 예〉

68

고객에 대한 태도가 중요하다

매너의 기본은 대접하는 기분이다. 기분이 없으면 이야기가 안 되고, 기분이 있어도 전하는 법이 적절하지 않으면 좋은 접대를 할 수 없다.

무엇을 하면 기분을 전할 수 있을까. 말의 역할과 한도는 어디까지인가. 그런 것들을 제대로 배우려면 기초부터 잘 익혀두는 것이 좋다.

의미를 전하는 말

말로 기분을 전달할 수 있는 정도는 10%에 불과하다. E-mail 등에 의해 문자를 주고받는 것처럼 활자만으로 기분을 전할 수 있는 한도는 아무리 말을 꾸며도 10% 정도이다.

목소리의 음색, 템포, 강약, 사이, 화법

40%를 전할 수 있다. 성우는 이것들을 충분히 활용하며 일하고 있다.

몸짓, 자세, 표정

무언이라도 50%를 전할 수 있다. 이것은 말에 의존하지 않는 표현(Nonverbal Communication)이다. 이중에서도 표현력이 있는 것은 눈의 표정과 손이다. 이 몸짓, 자세, 표정은 조화시키지 않으면 안 되는 것이기 때문에 여기서는 합하여 50%로서 취급한다. 해외 다큐멘터리 등에서 자주 보는 광경이지만 말이 통하지 않는 사람끼리 친하게 지내고 있는 것은 이 50%를 다 활용하고 있기 때문이다.

패스트푸드점 등에서 매뉴얼대로 정중한 대응을 받아도 기분이 통하지 않는 일이 많은 것은 '도구로서의 말'과 테크닉에 너무 의지하고 있기 때문이다.

이 같은 '비언어＋화법'의 역할과 효용을 잘 이해하고 고객과 접하자. 상대와 좋은 관계가 되고 싶다는 기분을 제대로 머리에 넣어두면 자연스럽게 배어나오는 법이다.

Note.

69

인사를 구별해서 하는 법을 익혀라

❖ 인사에서 중요한 것은 말과 행동의 균형이다

❖ 경의는 몸 전체의 분위기나 눈의 표정 등에 나타난다

인사는 상대방에 대한 경의를 나타내기 위한 매너이고, 이를 표현하는 몇 단계가 있다. 숫자로 이야기하자면 15도와 30도, 45도의 3단계로 분별하면 거의 모든 경우에 활용할 수 있다.

인사를 하고 있는 시간도 중요한 요소이다. 긴 쪽이 정중하다고 하나 너무 긴 것도 문제다. 인사에서 중요한 것은 언어와의 밸런스이다.

우선 윗사람으로 매우 중요한 사람에게는 45도의 인사를 한

다. 사외에서는 거래처 고객에게 최상급의 경의를 표해야 할 때, 관혼상제나 행사 등 공식적인 곳에 출석했을 때, 또는 감사나 사죄의 기분을 깊이 나타낼 때 등은 45도까지 상반신을 앞으로 숙여서 인사한다.

통상의 업무 중 인사는 30도 정도이다. 사내의 상사, 선배나 사외 거래처의 담당자에게는 이 정도로 인사한다. 특히 방문했을 때의 처음과 헤어질 때에는 정확히 이 30도의 인사를 하면 당신은 계속해서 좋은 인상을 남길 수 있다.

사내의 동료나 거래처의 담당자 등과 길에서 만났을 경우는 15도 정도의 인사가 좋다. 이것을 보통 '목례' 또는 '가벼운 인사'라 부른다.

하지만 인사에 자신의 마음이 담겨 있지 않으면 아무 의미도 없다. 몸 전체의 분위기나 눈의 표정 등으로 경의를 표현한다. 인사는 간단하게 보이지만 실제로 해보면 의외로 어려운 것이다. 남에게 코치를 받아가며 연습하면 좋다.

70

호감도를 높여라

❖ 대인관계가 서툴러도 노력하면 된다

❖ 진지한 태도가 호감을 사는 비책

대부분의 사람은 기분이 얼굴이나 목소리, 행동에 나타난다. 경험이 풍부한 어른의 90%는 정도의 차이는 있어도 그것을 감지하는 힘을 가지고 있다. 그러나 사람과 접하는 것은 서툴러도 노력으로 커버할 수 있다.

소극적인 기분으로 접하면 반드시 상대에게 전해진다. 진지한 태도로 접근하는 사람에게는 호감을 가진다.

마음가짐 1 : 나를 살리는 것은 당신이다

세일즈든 뭐든 상대방과 접할 때는 '내가 사는 것은 당신 덕분' 이라는 감사하는 기분을 가져야만 한다. 억지로 되지는 않겠지만 감사하는 마음이 없으면 속에서 우러나오는 진심이 제대로 전달되지 않는 법이다. 엘리베이터나 백화점 안내들이 깎듯이 예절바른 모습을 보이지만 그 속에서 진실한 모습을 기대하지 못하는 것도 같은 이치다. 감사가 진실이 되면 놀라운 효과를 발휘한다.

물론 감사를 입으로 굳이 말하자면 거짓 같아서 좀 꺼리는 사람들도 있다. 그러나 굳이 말을 하지 않아도 마음으로 생각하고 기분을 눈으로 표현하는 것이다. 그것으로 상대방을 충분히 내 사람으로 만들 수 있다. 이것이 대인관계의 가장 중요한 원칙이다.

마음가짐 2 : 당신을 살리는 것은 나다

상대의 이야기를 들을 때의 마음가짐이다. 상대방의 이야기 끝에 맞장구를 치고 가볍게 수긍하는 것이다. '예' 라는 말을 밝게 덧붙여 해주면 더 좋다. 상대가 당신에게는 '말하기 쉽다' 는 인상을 가져주면 성공이다.

상대의 마음을 여는 중요한 관건의 하나가 '이 사람이 내 이야기를 열심히 듣고 있구나!' 라고 생각하게끔 행동하는 것이 중요하다. 처음 만나는 사람일 경우 보다 더 진심을 보여주는 노력이 필요하다.

마음가짐 3 : 수긍의 활용

수긍하는 방법의 하나로 다양한 의사표시가 가능하다는 것을 잊지 말자. 이것은 상대의 마음을 열어주는 것이다. 인터뷰를 나온 기자가 상대방을 쳐다보지 않고 계속해서 자기 말만 하고 눈도 맞추지 않으면서 일방적으로 진행한다고 해 보자. 상대가 얼마나 기분 나쁠 것인가. 말하고 싶은 기분이 싹 사라질 것이다. 대인관계를 원활하게 하는 중요한 방법은 바로 이런 데서부터 시작한다. 고개를 끄덕이거나 짧게 웃어주거나 간단하게 '그렇군요' 정도만 해 줘도 얼마든지 대화를 재미있게 진행해 갈 수 있는 것이다.

다시 말해서 찬성의 부분은 미소도 곁들여서 강하게 수긍하자. 이것은 동의의 표시이다. 그렇지 않을 때는 그 나름대로 아주 가볍게 수긍한다. '이야기를 적극적으로 듣고 있다' 는 신호다.

반대의 경우는 수긍하지 않고 '네?' 라는 분위기로 눈을 봐줄 것. 'No'의 의사표시이다. 이 때 얼굴을 찡그려서는 안 된다. 미소는 스톱하지 말고 끝까지 가져가야 한다. 이 세 가지 마음가짐은 꼭 당신의 호감도를 높여줄 수 있을 것이다.

Note.

71

차별화된 '메모 기법'

❖ 재빠르게 메모할 수 있도록 키워드화할 것

❖ 생각난 아이디어를 메모로 남기는 습관을 익힐 것

메모를 하는 법은 다양하다. 때에 따라 다 쓴 종이의 뒷면을 이용하는 경우도 있지만 가능하면 일정한 크기의 용지를 사용하는 것이 좋다. 그 쪽이 보관할 경우에도 편리하다. 요즘 나온 다양한 크기의 접착식 메모지가 도움이 될 것이다.

역설적이지만 차별화된 메모술은 메모에 너무 의지하지 않는다는 것이다. 우선은 이야기의 내용을 이해하고 머리로 정리한다. 그리고 나중에 메모를 봤을 때 이야기의 내용이 생각날 수 있도록 단서(키워드)를 적어 넣는다. 그것만으로 충분하다. 때때로 상담할 때 메모하는 일에만 열심인 사람도 있지만 그것은 상대에게도 실례가 된다.

메모는 속도가 중요하다. 상대에게 메모가 끝날 때까지 이야기를 기다리게 할 수는 없는 일 아닌가. 그래서 키워드화 하는 것이다. 키워드는 나중에 자기가 이해할 수 있는 범위에서 자기스타일로 간략화시키자. 속기를 할 수 있으면 더 좋을 것이다.

예를 들면 방문을 ↑, 내방을 ↓, 별도의 장소에서의 만남은 → 등이라고 결정해두면 편리하다. 키워드를 적을 수 있다는 것은 말하자면 문장의 작은 제목을 생각하는 것으로 내용을 제대로 이해하고 정리할 수 있다는 증거이다. 날짜나 금액, 전화번호 등은 정확하게 쓴다. 이것은 다시 묻더라도 정확하게 써야만 한다. 메모에는 날짜, 장소, 상대 등도 명기해 두자.

생각난 아이디어 등을 메모하는 습관도 꼭 몸에 익히도록 하자. 적은 메모는 분류하여 일정기간 보관해 둔다. 꼭 도움이 될 때가 온다. 분류할 아이디어 박스 등을 준비해두면 좋다. 동료 등에게 건넬 경우의 메모는 다르다. 최대한 간결하게 5W2H를 넣어 읽기 쉬운 문자로 써야 한다.

72

책상 위를 깔끔히 하자

사람의 머릿속은 그 사람의 책상 위, 서랍 등에 나타나는 것이다. 일을 대충하는 사람의 책상 위는 대개 어질러져 있다. 가끔 깨끗하게 해도 길게 가지 않는다.

독자 여러분의 책상 위나 서랍 속은 깔끔한가?

회사생활의 초기단계에서 단정하지 못하다는 인상을 주위에 주는 것은 손해이다. 책상 위는 신경 써서 깔끔히 정리해 두자. 깔끔히 해두는 것이 습관이 되면 능력이나 성격이 좋은 쪽으로

교정될 가능성도 생기기 때문이다. 정리의 포인트는 물건의 정 위치를 결정한다는 것이다.

필기구, 명함정리케이스, 주소록, 서류 등을 넣는 장소를 결정해두면 좋다. 투명파일, 컬러클립 등으로 구분하기 쉽게 하면, 찾는 시간이 극단적으로 적어진다. 찾는 시간은 비즈니스맨의 생활 속에서 의외로 많은 법이다.

이것만큼 쓸데없는 시간은 없는 것이니 정리를 잘 하는 궁리는 중요한 것이다.

서류는 방치하면 얼마든지 산더미 같이 쌓여버리고 만다. 중요한 서류가 분실될 가능성도 많으므로 서류를 분류하는 습관을 갖자.

분류방법

1 1. 필요하다. 2. 모르겠다.(다 버릴 수 없다.) 3. 필요 없다. 3개로 나눈다.

2 1은 보관한다.

3 3은 버린다.

4 2는 일정 기간(6개월~1년) 보관한다.

서류 보관이 일정기간이 되면 다시 한 번 1, 2, 3으로 분류한다. 그래도 2의 '모른다'로 분류된 서류는 상자나 큰 봉투에 넣어 별도의 장소에 보관한다. 그 장소도 넘치면 오래된 것부터 미련 없이 버린다.

73

듣는 것이 능숙하면 배우는 것도 능숙

❖ 말하는 것보다도 우선 듣는다는 태도가 중요

❖ 아는 척하지 말고 상사나 고객을 파고드는 법을 연구할 것

'현명한 사람은 듣고, 어리석은 사람은 말한다' 는 의미를 알고 있는가? 자기가 말하고 있는 동안은 상대가 가르쳐주지 않는다. 자기의 지식이나 교양을 높이고 싶다고 생각하면 말하는 것보다도 우선 듣는다는 태도가 중요하다. 특히 신입이면 남에게 모르는 것을 묻거나 선배나 상사의 체험담이나 사고방식을 묻거나 하는 것은 커다란 공부가 될 것이다.

그런 기회가 생기면 겸허하고 주의 깊게 이야기에 귀를 기울

여야만 한다. TV나 책에서는 얻을 수 없는 것을 얻을 수 있다.

만약 여러분이 이미 알고 있는 것을 상사나 고객이 설명하기 시작하면 어떻게 하는가. '그것은 알고 있다'라고 대답해도 좋다. 그러나 99%는 아무것도 말하지 않는 쪽이 좋다. 되도록이면 조용히 계속해서 듣는 것이 좋다.

사물을 파고드는 힘은 최상급 경영자에서 최하급 사원까지 다양하다. 상사나 고객이 어떻게 파고들고 그것을 어떻게 표현하는가는 들어보지 않으면 모른다. 얕은 지식으로 아는 척 함으로써 모처럼 배워야 할 이야기가 그대로 지나가 버리는 것은 정말 안타까운 일이다. 또 모르는 것을 하나에서 열까지 전부 물어서 해결하려고 하는 것은 좋지 않다. 기본적인 것은 가능하면 자기가 자습하고, 뭔가 연결되지 않는 점이나 불명확한 점만을 배우도록 하면 가르치는 쪽도 보람이 있을 것이다.

배우는 상대가 연장자만은 아니다. 젊은 후배 직원에게 배우는 일도 있을 수 있다. 그 경우는 상대가 그곳에서의 선생님이다. 선배 티를 내면서 배우는 것은 안 된다. 제대로 듣고 끝나면 감사의 말을 해야 한다. 그리고 의연히 선배로 돌아간다. 그것이 '듣는 것이 능숙, 배우는 것도 능숙'이라는 인생의 교훈이다.

74

문자나 숫자는 정확하게

❖ 숫자를 틀리는 것은 치명적인 실수가 될 수 있어 요주의

❖ 비즈니스는 문자의 아름다움보다 읽기 쉬움을 우선할 것

'아니 애한테나 말하는 것 같은 일을 새삼스레 시키다니…' 라고 생각할지도 모른다. 그러나 사회에서는 현실적으로 문자나 숫자의 부정확함으로 돌이킬 수 없는 실수(Careless Miss)가 일어나고 있다.

시간의 여유가 있다면 수정할 수 있지만, 서류나 메모를 적은 본인이 외출하고 없어서 의미판독이 안되어 그 후의 작업이 스톱되어 버리는 일도 종종 있다.

학창시절은 실수를 해도 테스트 점수가 조금 내려가는 정도의
마이너스지만 비즈니스의 세계에서는 생각할 수 없는 트러블로
발전하는 일도 있다.

손으로 숫자를 적을 때에는 천천히 명료하게 적어야 한다. 특
히 비즈니스에서 숫자를 적는 경우는 금전적 문제로 연결되는 경
우가 많다. 견적서나 영수증 등 나중에 '틀렸다'는 소리를 듣지
않도록 충분히 주의하자.

기본적으로는 글자도 같다. 문자는 달필일 필요는 없다. 비즈
니스에서는 아름다움보다도 읽기 쉬움이 제일이다. 문자에는 개
성이 나타난다. 단, 이런 곳에서 독특한 개성을 주장하는 것은 틀
린 것이다. 잘 써야지라는 생각보다 명확하게 쓰도록 명심하자.

최근 비즈니스사회에서는 손으로 서류를 쓰는 일이 적어졌다.
그래도 완전히 없어진 것은 아니다. 몸짓이나 표정이 주는 인상
과 같이 그 사람이 쓰는 문자에서 인격을 살필 수도 있다. 혹시
그동안 자필 서류를 쓸 때는 어땠는가? 난폭하게 휘갈겨 쓴 문자
는 조잡한 인상밖에 얻을 수 없다. 글자를 쓸 때는 잘 알아보게
또박또박 정성을 들여서 써야 한다.

75

5W2H로 생각한다

❖ 5W2H를 가능한 한 확인하며, 생각하는 습관을 익힐 것

❖ 5W2H는 비즈니스맨의 공통된 사고 패턴

비즈니스에는 변함없이 사용되는 정석과 같은 방법이 있다. 그것은 명확하게 하지 않으면 안 되는 것을 제대로 파악해두는 것이다. 누가, 언제, 무엇을, 어디서, 왜, 어떻게, 얼마나. 이 말은 영어의 5W1H에 하나를 더한 것이다.

WHO 누가 : 주체자를 나타내는 중요한 요소이다.

WHEN 언제 : 타이밍이 재산이다.

WHAT 무엇을 : 대상이 있어야 비즈니스가 성립된다.

WHERE 어디서 : 장소도 결정적 요인이다.

WHY 왜 : 원인분석은 비즈니스의 근본이다.

HOW 어떻게 : 방법론이 없으면 일이 진행이 안 된다.

HOW MUCH 얼마나 : 비즈니스에서는 수치를 빼고 이야기가 성립되지 않는다.

이 같은 체크포인트를 가능한 한 확인하면서 생각하는 습관을 익히면 설득력이 있는 비즈니스맨이 될 수 있다.

이 5W2H는 자기 몫을 하는 비즈니스맨에게는 공통된 사고 패턴이다. 고객에 대한 기획서나 상사에게 보고할 때도 꼭 활용하길 바란다. 글은 아름답지 않아도 제대로 읽을 수 있으면 좋은 것과 같다. 5W2H를 담은 문장은 아름다운 문장이 아니라도 비즈니스 문장으로서는 합격이다. 비즈니스에 있어서 팀플레이의 기본은 기획이나 업무의 내용이 멤버 전원에게 바르게 인식되어 있는가 하는 것이다.

이 5W2H가 파악되면 그 점을 확인하기 쉽다는 것이다.

76

일의 기본은 보고 · 연락 · 상담

❖ 보고 · 연락 · 상담을 빠지지 않도록 할 것

❖ 자기 임의로 보고를 속이거나 지연시키지 말 것

보고

명령된 테마에 대해 행동한 성과의 보고이다. 잘 됐으니까 보고한다. 잘 되지 않았으니까 보고를 꺼린다는 것은 곤란하다. 있는 그대로를 정해진 방법으로 빠르게 상사에게 보고해야 한다.

이것은 종적인 커뮤니케이션이다. 좋은 결과를 얻을 수 없다 하더라도 허위보고를 하거나 보고를 지연시키는 것은 이중 위반이다. 상사의 판단을 잘못하게 하는 일에도 연결되기 때문이다.

잘 되지 않은 일을 솔직하게 말하면 상사는 용서해 줄 수 있겠지만 허위보고나 일부러 보고를 지연시키는 것을 용서하는 상사는 없다. '실패의 2차 재해'를 부르기 때문이다. 항상 적시에 결정된 방식으로 보고하기 바란다.

연락

이것은 횡적인 커뮤니케이션이다. 타부서에 관계되는 문제에 대해서는 성실하게 정보를 서로에게 전한다. 자기가 외부에서 얻은 정보를 알아야 할 사람에게 알리는 것도 연락이다. 공동으로 무엇인가를 하려고 할 때 타이밍이나 방법상의 협의를 하는 것도 연락이다.

상담

명령 수행 도중에 판단이 어려운 일이 있으면 지시를 요청한다. 그냥 어리광부리듯이 말하는 것이 아니라 자기 나름의 판단이나 실행안을 이야기해 그것에 대한 판단을 요청하는 것이다. 명령받은 일이 잘 되지 않을 때는 고전하고 있는 상태를 상사에게 상담하고 지시를 받는다. 상담이 없으면 아무도 도울 수 없다.

77

기본적인 전화 받는 법도 중요

신입 때는 회사에서 전화 받기가 어렵다는 사람이 많은 것 같다. 그러나 어렵다고 언제까지나 전화를 피해서는 아무것도 해결되지 않는다. 자리에 있을 때 전화벨이 울리면 반사적으로 수화기를 든다. 전화를 앞에 두고 우물쭈물하고 있는 사람 중에 일 잘하는 사람은 없다. 선배가 들기 전에 자기가 전화를 받을 수 있도록 습관화하는 것이 필요하다. 주저주저하지 말고 당당하게 대응하자.

인사의 다양성

"예, OO사, 영업부 XXX 입니다"
이것은 직통전화의 경우이다.
"감사합니다. OO상사 입니다"
이것은 대표전화의 경우이다.

이외에도 다양성은 있다. 기본적으로는 선배를 본받자. 상대가 이름을 대면 '예, 감사합니다' 라고 인사한다. 상대가 이름을 대지 않으면 '실례지만, 어디십니까?' 라고 묻는다. 이때 주의할 것은 '실례합니다' 만 말하고 다음 할 말을 생략하는 것은 좋은 느낌을 주지 않는다는 것이다.

전화를 끊는 법

결말이 나쁘면 엉망이 된다. 상대의 이야기가 끝난 것을 확인하면 '전화 주셔서 감사합니다' 라고 말하고 상대방의 끊는 소리를 확인한 후 끊는다. 자기의 머릿속에서 이미지 트레이닝을 해 보자. 습관이 되면 전화 대응은 간단한 것이다. 겁내지 말고 적극적으로 대하는 것이 상책이다.

78

메모하는 법도 기본 매너

❖ 메모용지와 펜은 책상 위에 준비해둔다

❖ 5W1H에 따라 명확하게 메모한다

메모용지와 펜은 책상 위에 준비해둔다.

언제 · 누가 · 누구에게 · 무슨 용건으로 · 어떻게 하는 건가 (5W1H)를 명확하게 메모한다. 전화는 볼일이 있어 걸려오는 것이다. 그러니 메모는 매우 중요하다.

메모용지와 펜은 언제라도 바로 사용할 수 있도록 책상 위에 준비해둔다. 서랍 속에 넣어두면 의외로 바로 꺼내어 사용할 수 없다.

메모의 준비

벨소리는 세 번을 넘기지 않고 받는다. 그와 함께 책상 위의 종이와 펜을 잡는다. 전화 중에 상대로부터 메모를 해달라는 말을 듣고 '잠깐 기다려 주기 바랍니다' 하고, 메모지를 찾는 행동은 사실상 실격이다.

언제, 누가, 누구에게, 무슨 용건으로, 어떻게 하는 건가를 명확하게 알 수 있도록 메모하고 그 메모를 보면서 확인해야 한다. 특히 고유명사, 숫자, 전화번호 등은 잘못 듣는 일이 없도록 천천히 확인하면서 메모를 해야 한다. 마지막에는 '전화 주셔서 감사합니다' 등의 말을 잊지 말고 한다.

목소리의 따뜻함도 중요하다. 전화라 해도 웃는 얼굴로 이야기하는 것은 극히 유효한 방법이다. 표정과 목소리는 일치한다는 사실을 잊지 말아야 한다. 전화라고 표정관리를 게을리 하면 경험이 풍부한 상대는 내 가슴 속을 꿰뚫고 있기 때문에 간파당하는 결과를 가져올 수 있다.

부재중인 사람에게 오는 전화를 받는다

부재중인 사람의 전화라도 메모를 준비하고 적극적으로 전화를 받는다. 잠깐 자리를 비웠다면, 'OOO 씨는 잠깐 자리를 비웠습니다. 전달 사항이 있으면 말씀해 주기 바랍니다. 돌아오면 이쪽에서 전화를 드리도록 할까요? 성함과 전화번호를 불러주시겠습니까?'

이런 식으로 통화를 하면서 메모를 하고, 경우에 따라서는 메모를 깨끗하게 써서 부재중인 사람의 책상 보기 쉬운 곳에 날아가지 않도록 둔다. 여름 같은 경우 선풍기로 중요한 메모가 날아가버리는 경우가 종종 있다.

Note.

79

상사에 대한 보고전화 – 기본편

❖ 자기의 이름, 용건을 먼저 알리는 것이 가장 중요

❖ 간결하고 짧게 5W1H로 요약, 보고할 것

상사에 대한 보고전화에서 우선 중요한 것은 자기의 이름을 대는 것이다. 그리고 용건은 무엇인지 보고의 타이틀을 알리는 것이다. '누구로부터, 무슨 용건'으로 이 두 가지를 알면 상사는 대충 판단이 가능하고, 바쁘면 '나중에 보고하라'고 대응할 수도 있는 것이다.

다음으로 중요한 것은 문맥을 간결하게 하는 것과 짧게 한다는 것이다. 비즈니스의 전화는 '무엇을, 누가, 언제, 어디서, 어떻게, 왜?'라는 5W1H가 주요 내용이 되어야 한다. 이로써 용건은 해결된다.

결국 메모한 것을 가지고 있는 것이 아니기 때문에 문맥이 짧고 간결하지 않으면 정확하게 전하기가 어렵다는 사실을 기억한다. 그러므로 짧게 말하는 노력을 하자.

그 다음으로 상대의 입장에 서서 이야기의 수순을 정리한다. 상대가 '해당 사안'에 대한 예비지식이나 경험 등을 갖고 있는지 배려해 이야기를 구성하는 것이다. 새로운 사안이 발생하면 상사도 예비지식을 가지고 있지 않는 것이 보통이다. 여러분이 반대 입장이 됐을 경우 '어떻게 설명을 들으면 알기 쉬운가'를 생각해보면 구성하는 법을 알 수 있다.

마지막으로 '이야기 속도'에 조심하자. 이야기를 이해할 때까지의 시간을 생각하지 않고 빠른 어조로 말하면 상대에게는 정확하게 전달되지 않는다. 그러나 너무 천천히 말하는 것도 시간이 없는 상사에게는 실례에 해당한다. 경험을 쌓고 자기 나름대로 궁리하자.

상사에 대한 보고전화 – 실천편

❖ 결과를 간략히 전한다

❖ 포인트를 정확하게 말한다

그러면 상사에 대한 보고전화를 구체적인 사례를 들어 생각해 보자. 총무과의 김갑수 씨는 상사인 홍길동 과장으로부터 거래 처에 서류를 보내도록 지시받았다. 다음은 김갑수 씨가 업무 처리 후 홍길동 과장에게 건 보고전화이다.

김갑수 : 여보세요, 홍 과장님이십니까? 김갑수 입니다.
홍길동 과장 : 수고하네. 잘 전달했나?

김갑수 : 네, 담당인 장동건 씨가 부재중이었기 때문에 접수 담당인 김미영 씨에게 '건네주기 바란다' 고 부탁하고 맡겨두었습니다.

홍길동 과장 : 그래. 그러면 회사로 들어오도록 하게.

김갑수 : 알겠습니다. 바로 들어가겠습니다. 그럼 끊겠습니다.

이 경우는 서류를 건넸는지 어떤지 만을 간략하게 전하는 것이 중요하다.

다음 예는 영업팀 박문수 씨가 거래처에서 상사인 이강산 팀장에게 하는 보고 전화이다.

박문수 : 여보세요, 이 팀장님이십니까? 영업담당 박문수입니다.

이강산 팀장 : 수고 많지. 그래 어땠나? 상대의 반응은.

박문수 : 네, 당사 제품에 매우 흥미를 가지고 있더군요. 단 견적을 좀 더 낮출 수 있는 건지 물어서 '다시 한 번 검토해보겠다' 고 말하고 나왔습니다. 지금 들어가려 하는데 팀장님, 시간 좀 내주실 수 있겠습니까?

이강산 팀장 : 알았네, 기다리고 있지.

박문수 : 예. 그럼, 한 시간 후에는 회사에 들어갈 수 있습니다. 조금 후에 뵙겠습니다.

이처럼 상사에 대한 보고는 포인트만을 정확하게 말하는 것이 중요하다. 회사로 복귀 후 협의할 필요가 있는 경우는 그 뜻을 확실히 전하는 것이 중요하다.

또 그냥 집으로 퇴근할 경우도 있을 터인데 그 경우는 더욱 귀사하지 않고 바로 퇴근할 것임을 알리고 허락을 받아두는 것이 중요하다. 흔히 자기 마음대로 퇴근했다가 다음 날 야단맞고 상사를 욕하는 경우를 볼 수 있는데 이것은 전적으로 부하 직원의 잘못이다.

81

일의 요령을 잡는 법

❖ MUST를 판별하여 중점적으로 배울 것

❖ MUST는 무엇인가를 항상 의식해야

무슨 일을 하더라도 요령이 있다. 그것을 보다 빨리 캐치하는 것이 능력 있는 사람이다. 일에서도 놀이에서도 스포츠에서도 'MUST' 라는 절대로 하지 않으면 안 되는 기본 부분과 그것이 가능하면 바람직하다는 'BETTER' 라는 부분이 포함되어 있다. 이 MUST를 발견해 거기에 중점적으로 힘을 쏟자. 이것이 빨리 요령을 파악하는 방법이다.

예를 들어 야구라면 배팅, 캐치 볼, 런닝이 'MUST' 이다. 신문

기사는 언제, 어디서, 무엇이 있다. 이 3개가 'MUST'이다. 이 중에 1개라도 빠져 있으면 기사가 되지 않는 것이다.

그러므로 MUST는 기본이고 필수사안이다. 만약 당신이 마케팅 일을 한다면 우선 필요한 것은 당신이 취급하는 상품의 지식이다. 이것은 틀림없이 'MUST'라고 말할 수 있다. 또한 남과의 커뮤니케이션을 능숙하게 하는 것도 MUST이다. 이 두 가지를 보다 빨리 확실하게 몸에 익혔다면 당신은 상당한 요령을 잡아낸 사람이라고 할 수 있다. 일에서 몸에 익히려는 것이 무엇이든 'MUST'는 무엇인가, 'BETTER'는 어느 것일까, 그러한 의식을 항상 가지고 있는 것이 중요하다.

일에 대하여 무엇이 'MUST'이고 무엇이 'BETTER'인가 물을 수 있는 사람이 있으면 사양하지 말고 묻자. 이처럼 몸에 익혀야 하는 것은 뭐라 해도 'MUST'이다. 옛날부터 '한 가지 재주가 통하는 자는 모든 것이 통한다'고 하는데 이것은 '한 가지 재주에 열중했을 때 MUST를 판별하여 중점적으로 배운다'는 지혜를 몸에 익히고 있기 때문일 것이다. 어떤 일을 하던 몸에 익혀두어야만 하는 것은 남과 커뮤니케이션을 취하는 법, 즉 휴먼 스킬이다.

82

적을 만들지 않는다

❖ 상대의 입장을 이해하고 존중하며 자기 입장의 이해를 구한다

❖ 대립하는 입장이라도 서로 이해할 수 있는 것이 있다

학창시절에 비해 '비즈니스에서의 인간관계는 얕은 것 같다'고 말하는 사람들이 있다. 확실히 그럴지도 모른다. 입장이 바뀌면 이해관계 등이 생기는 일도 있고, '어제의 친구가 오늘의 적'이 되는 사태도 있기 때문이다.

사회인이 되어서 인간관계에서는 별로 강한 결속을 처음부터 기대하지 않는 것이 좋을지도 모른다. 물론 결과적으로 한 평생 친구가 되면 행복한 일이겠지만 비즈니스 인간관계에서 중요한

것은 주어진 입장에서 좋은 팀워크를 발휘하는 것으로, 좋은 인간관계를 만들자는 것은 그 다음 목표라는 사실을 잊지 않는 것이다. 또 내부에 '적'을 만들지 않는 것이다. 적을 만들지 않는다는 것은 어느 쪽으로도 기울지 않고 눈치를 보며 형세를 관망한다는 뜻은 아니다.

적을 만들지 않는 포인트 3

포인트 1)

만일 대립하는 입장에 선 때라도 상대의 입장을 이해하고 존중하며, 자기 입장의 이해도 구한다. 서로가 페어플레이로 각각의 역할을 달성하는 것이다.

포인트 2)

'좋다'와 '나쁘다'는 자기의 의견을 확실히 하는 것이다. 옛날은 예스·노를 확실히 하지 않는 것이 처세가 능한 것이었으나 앞으로는 이런 자세로는 통하기 어렵다.

상대의 제안에 반대하는 경우 우선 찬성할 수 있는 부분을 찾자. 그러면 부분찬성, 부분반대가 되어 반대도 꽤 누그러진다. 찬성할 수 있는 부분이 전혀 없다면 반대하는 것은 제안에 국한시키고, 인품이나 인격에 대한 반대가 아니라는 것을 분명히 전달한다. 반대하는 경우는 단순한 반대가 아니라 대안을 가져야만 한다. 중요한 것은 밀어붙이는 듯한 인상을 주어서는 안 된다는 것이다.

이런 시시비비의 자세를 잘 견지하면 적이 생기기 어렵고, 대립하는 입장이라도 서로 이해할 수 있을 것이다.

83

클레임 처리, 마음가짐이 중요

❖ 초기의 대응에 성의를 가질 것

❖ 상대를 손해 측면과 감정 측면으로 나누어 대응할 것

클레임은 언제 어디서 발생할지 모르는 것이다. 최종 처리를 상사의 손을 빌리는 일도 있겠지만 중요한 것은 초기 대응이다. 악화된 클레임의 대부분은 초기 대응의 실패에 의한 것이다. 말하자면 초기 소화에 실패해서 대형화재가 되는 것과 마찬가지다.

클레임을 거는 사람의 입장에 서서 생각해보라. '모처럼 돈을 내서 샀는데 기대에 훨씬 못 미친다. 손해 봤다'라면 손해를 본 계산과 화났다는 기분, 이 두 가지가 뒤섞인 것이다. 그러므로 먼

저 '기분'의 해결이 앞서야 한다.

어떤 대단히 악화된 클레임에 사장이 직접 가서 사과를 하자 '처음부터 그 한마디를 해 주었다면 더 빨리 해결되었을 텐데…' 라는 대답이 돌아왔다는 것을 보면 인간은 확실히 감정의 동물이다.

상대의 기분을 100% 받아들이자. 말, 자세, 표정, 목소리, 이 전부에 사죄하는 기분을 담아 받아들이자. 변명은 금물이다. 상대방이 오해하고 있더라도 먼저 이걸 지적하면 안 된다. 정말 오해라면 이치적으로는 상대방이 질 것이 뻔하지만 상대는 오히려 기를 쓰고 한층 감정으로 공격해오게 되어 최악의 상황이 된다.

우선은 트러블이 생겨 화가 나게 된 상황을 무조건 사과한다. 상대의 감정이 가라앉으면 '득실'을 교섭한다.

'상대의 구체적인 손해'와 '감정적으로 참을 수 없다'는 부분을 나누어 교섭하는 것이 중요하다. 상대의 이야기를 들으면서 자기의 머릿속에서 이 두 가지의 분류를 냉정하게 생각해간다. 대강 상대의 주장을 들은 다음에 구체적인 손해에 대한 처리를 명확히 하고 그 다음에 감정적인 부분에 대해 대응한다. 어느 것이라도 초기 대응에 성의로 대하는 것을 잊지 말아야 한다.

84

실패도 성공도 반성하자

❖ 결과에 관계없이 무언가를 끝냈을 때 반성할 것

❖ 결과를 교재로 삼고 프로세스를 중심으로 분석해 검토하자

반성은 항상 필요하다. 학창시절 반성이라는 것은 대개 실패했을 때 결과에 대해 반성하는 것이다. 아이가 부모에게 혼난 뒤 반성하는 것과 같다. 사회인의 반성은 다르다. 성공이나 실패에 관계없이 무언가를 끝냈을 때 하는 작업이다.

결과에 관계없이 반성한다는 자세가 중요하다. 즉 사회인의 반성이란 결과를 '교재'로, 프로세스를 '중심'으로 생각하는 것이다. '좀 더 좋은 방법은 없었는가', '운에 좌우된 것은 아닌가'

, '다음에는 어떻게 하면 좋은가', '일단은 성공이었지만 좀 더 큰 성과를 내려면 어떻게 하면 좋겠는가' 라고 반성하는 것이다.

바둑에서도 장기에서도 강한 사람끼리는 대국 후에 막 끝난 생생한 일국을 '교재'로 하여 그 상대와 대국의 추이를 검토한다. 이것을 복기라 한다. 검토는 시합시간보다도 길어지는 경우도 있다. 그 일국은 아직 쌍방의 기억이 새롭기 때문에 선명하게 데이터를 정리할 수 있는 것이다. 그래서 또 강해지는 것이다. 대국 중에는 상대가 경쟁자이나 끝나면 연구 동료가 되는 것이다.

이렇게 해서 반성하는 것으로 다음의 실패로부터 조금이라도 멀어질 수 있다면 그게 바로 성장한 것이다. 비즈니스도 똑같다. Plan · Do · See(Check)라는 말 중의 'See' 가 이것에 해당한다. 프로세스의 연구는 일 처리법의 숙달에 직결된다. 성공해도 반성하고 분석하는 버릇을 가져야 한다.

일을 시삭하기 전에 시간과 성과에 대해 대강의 스케줄을 세워 도중에서 체크하는 습관을 붙이는 것은 유용하다. 처음의 계획이 생각대로 움직이지 않았을 때를 대비해 대책을 세워두면 큰 실패는 하지 않는 법이다.

85

2개의 기준을 사용하는 판별법
- 田자 법 -

❖ 2개의 기준을 사용해 판단하는 방법이 田자 법

❖ 田자 법은 부서에서 일의 효율을 올리는 방법으로 유효

田자 법이라는 것은 2개의 기준을 사용하여 판단하는 방법이다. 아래의 표는 그 사용법의 하나로 자기가 안고 있는 문제를 효율적으로 처리하기 위한 궁리라고 말할 수 있다. 안고 있는 문제에 짓눌려서는 비즈니스맨으로서 실격이다. 안고 있는 문제를 대략이라도 이 표의 어디에 해당되는지 생각해보기 바란다.

A는 중요도도 긴급도도 크기 때문에 다른 일을 방치해도 우선

시작하지 않으면 안 된다. 즉 A는 최우선 순위의 중요사항이다. 상사나 선배와 충분하게 상담하고 전력을 다해야만 하는 일이다.

B는 긴급도는 크지만 중요도는 작다고 생각된다. 중요하지 않지만 시급하게 해야만 하는 일이라는 것은 의외로 많다. 경우에 따라서는 상사로부터 '이것 좀 먼저 해주게'라는 말과 함께 지시를 받게 될 수도 있다.

C는 긴급도는 작지만 중요도는 큰 것이다. 이것은 필요하면 팀을 만든다든지 다른 부서 사람에게 상담하는 등 빈틈없이 대응해야 하는 일이다.

D는 중요도도 긴급도도 작은 일이다. 그래도 업무임에는 틀림이 없기 때문에 확실히 처리하지 않으면 안 된다. 이 부분의 일에 잡혀 있는가 어떤가로 비즈니스맨으로서의 실력에 차이가 생기게 된다.

부나 과 등 부서단위 또는 회사 전체의 업무 효율을 올리는 방법으로서도 '田자 법'은 유효하다. 이 횡과 종의 기준을 예를 들

어서 '현재의 이익', '장래의 가능성' 등으로 대치시켜보면 일의
중요성이 또 다른 각도로 보인다. 여러 가지로 연구해 활용할 수
있는 방법이다.

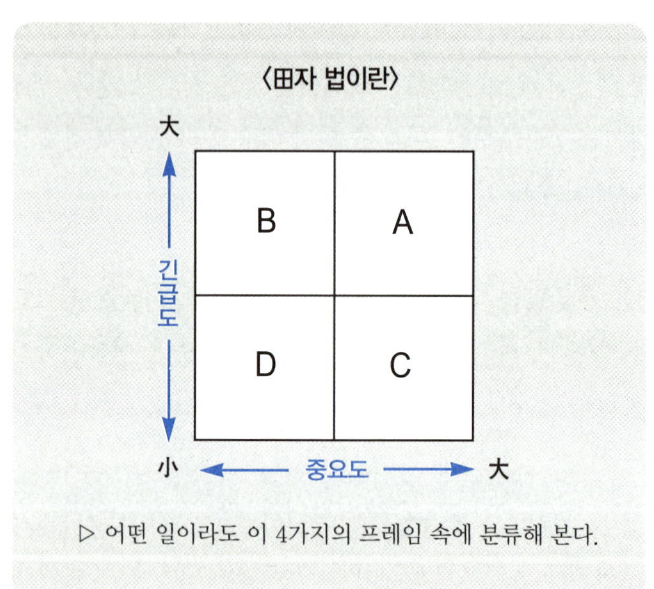

▷ 어떤 일이라도 이 4가지의 프레임 속에 분류해 본다.

86

냉철하게 사물을 생각하는 방법
– 밸런스법 –

❖ 플러스면과 마이너스면을 체크하면 설득력이 증가한다

❖ 예외도 생각하는 여유를 가질 것

우리들은 업무에서도 사적인 일에서도 가능한 한 사물을 냉철하고 객관적으로 생각하려고 노력한다. 그러나 그것은 의외로 어렵다. 깊은 생각이나 희망, 불안 등이 뒤섞여 잘못된 판단을 내리기 쉽기 때문이다. 그래서 가능한 한 냉정하게 사물을 생각하는 방법의 하나로서 '밸런스법'을 소개한다.

이것은 '그것을 했을 경우의 좋은 면과 나쁜 면'과 '그것을 하지 않았을 경우의 좋은 면과 나쁜 면'을 각각 생각나는 대로 적

가 라만을 비교하는 것이 아니고, **다 나**도 합쳐서 생각해 볼 것.

어내 어느 쪽이 좋은가를 생각해보는 방법이다. 이때 주의해야 할 점은 아래 표 왼쪽 위의 '새로운 것을 할 플러스면'과 표의 오른쪽 아래의 '현상유지의 마이너스 면'만을 비교해서는 잘못이라는 것이다.

이 2가지만을 비교하면 새로운 것이 매력적인 것은 당연하다. 하지만 새로운 것의 뒤에는 마이너스면도 있고, 현상유지의 뒤에는 그 나름대로의 플러스면도 있다. 그 4개의 요소를 전부 열거하여 비교 검토하는 것이 이 방식의 포인트이다.

고객이나 상사에게 설명하는 경우도 이 세로·가로·사선의 비교에 근거하여 그림을 나타내 이야기하면 설득력이 훨씬 더 증가한다. 비교하는 요소를 수치화할 수 있다면 더욱 설득력이 증가할 것이다.

부모와 아이의 의견이 맞지 않는 일이 많은 것은 젊은 세대가 '새로운 것의 이점·오래된 것의 결점 (왼쪽 위, 오른 쪽 아래)' 만을 말하고, 부모들이 '새로운 것의 결점·오래된 것의 이점, (오른 쪽 위, 왼쪽 아래)' 만을 말하기 때문은 아닐까?

87

설득은 기술이다

❖ 설득의 최대 포인트는 우선 상대의 입장에 서는 것

❖ 상대의 판매 전략을 알고 상대가 납득할 플랜을 제시해야

설득이라는 것은 상대에게 이쪽의 제안을 이해시켜 → 납득시키고 → 결의시켜 → 행동을 일으키게 하는 것이다. 설득할 상대는 어른이고 게다가 입장은 당신보다도 위일 때 어떻게 하면 좋을까?

설득의 최대 포인트는 우선 상대의 입장에 서는 것이다. 예를 들면 당신이 사내회의에서 회사시스템의 개선을 제안할 경우를 생각해보자. 그러한 때 그냥 '자신의 기획은 훌륭하다' 라고 주장

하기만 해서는 다른 멤버가 납득해줄 리 없다. 제안에 설득력을 가지게 하려면 우선 회사가 현재 추구하고 있는 큰 방향성을 파악해둘 필요가 있다. 그리고 당신의 제안이 현재 회사가 안고 있는 문제나 과제를 해결할 것이라는 비전을 명확하게 제시하도록 노력해야 한다.

또한 동시에 현실적인 예산이나 인적 조건을 가능한 한 고려한 기획이 아니면 안 된다. 물론 제안 내용에 따라서는 특별히 예산의 틀을 늘리는 경우도 있지만 어디까지나 현실에 입각한 제안이 바람직한 것이다. 다음 그림은 제안의 가치를 표시한 것이다.

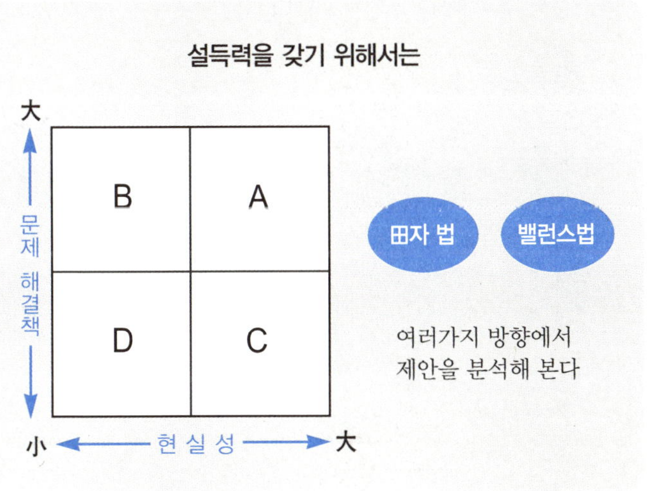

· 우상右上의 A : 문제 해결력이 크고 현실적으로 가능성이 큰
　　　　　　　베스트의 제안이다.

· 좌상左上의 B : 문제가 해결될 가능성이 큰 제안이지만 현실적
　　　　　　　이지 않은 제안. 제안 레벨에서 끝나버리는 것
　　　　　　　이 대부분이다.

· 우하右下의 C : 현실적이지만 문제 해결안으로서는 별로인 제
　　　　　　　안. 이것은 안 된다.

· 좌하左下의 D : 실현성도 해결 기여도도 적은 제안. 이것은 제
　　　　　　　안이라고 할 가치도 없다. 물론 A에 해당하는
　　　　　　　제안을 해야 최상이다.

88

진정한 플러스사고란?

❖ 동전의 양면과 같은 이해상반의 관계를 살필 것

❖ 마이너스면을 잘 보고 플러스면을 살리는 사고방식

한때 '플러스사고思考'라는 말이 유행했다. '마이너스 사고'에 비하면 훌륭한 것이다. 하지만 여기서는 '플러스사고'는 조금 다르다. 사물에 플러스와 마이너스가 있다는 것은 앞에서도 이야기했다. 언뜻 보면 플러스만이라고 생각되는 것에도 마이너스는 있는 법이다.

예를 들면 '복권에 당첨되었을 때의 마이너스적인 면'에 대해 생각해보자. 언뜻 생각하면 그런 복은 있을 수 없을 듯하지만 있다고 치고 생각해 보자.

- 씀씀이가 헤퍼진다.
- 돈을 목적으로 한 친구가 다가온다.
- 이것을 피하려고 하다 보니 교우관계에 금이 간다.

이런 식이다. 좀 더 찾아보면 더 여러 가지가 나올 것이다. 이처럼 플러스 속에도 마이너스는 있는 법이다. 역으로 마이너스만이라고 생각되는 것에도 플러스는 있는 법이다.

예를 들면 '실업의 플러스 효과'. 여기도 좋은 점이 전혀 없는 것처럼 보이지만 찾아보면 있다.

- 싫은 상사, 싫은 고객에게 무리한 것을 요구당하거나 머리를 숙이지 않아도 좋다.
- 복잡한 출퇴근 전철을 타지 않아도 좋다.
- 평일의 빈 시간대에 미술관이나 박물관을 쾌적하게 감상할 수 있다.

　어떤가? 플러스사고라는 것은 결코 마이너스면에 눈을 가리고 플러스면만을 보려는 것은 아니다. 그것은 단순한 기분파와 다를 게 없다. 진정한 의미에서의 '플러스사고'란 마이너스면을 잘 본 다음에 플러스면을 최대로 살리려는 사고방식인 것이다.

$\mathcal{N}ote.$

89

비즈니스 문장의 기본

❖ 비즈니스 문서에 관해서는 개성을 나타내지 않는다

❖ 포맷에 충실하게 간결히 쓰는 것을 명심한다

비즈니스 문서에는 몇 가지 기본이 있다. 그 기본에 충실하게 쓰는 것이 중요하다. 비즈니스 문서에 관해서는 무리하게 개성을 나타내려 하지 말고, 포맷에 충실하게 간결히 알기 쉽게 쓰는 것을 명심해야 한다.

아름다운 문장이 아니어도 좋다

의미가 제대로 전해지는 것이 목적이다. 비지니스 문장은 소설이나 에세이를 쓰는 것이 아니다.

주관이나 추상적인 말은 생략한다

정치가의 문장처럼 형용사만이 눈에 띄는 문장은 내용이 없음을 눈가림하는 것으로, 비즈니스 문서에 어울리지 않는다.

경어는 필요

정중한 말과 겸양어를 기본으로 하여 케이스에 따라 존경어도 사용한다. 불안하다 싶으면 작성한 문장을 선배나 상사에게 보여줘도 된다.

필요사항은 흘리지 않고 담는다

'5W2H'를 제대로 담는다. 무언가 부탁할 때는 받고 싶은 것을 알기 쉽게 쓴다.

오해가 없는 문장을 쓴다

구체적인 말로 쓰면 오해는 막을 수 있다. 그것이 비즈니스 문장이다.

이것은 매우 중요하다. 특히 숫자, 금액, 날짜 등에 주의한다. 문제가 일어났을 때는 상대측에게 일종의 증거서류를 제공하는 것이 되기 때문이다.

사죄, 병문안, 사례 등 사교적인 의미가 짙은 문장은 직접 손으로 적는 쪽이 효과가 크다. 결코 능숙하지 않아도 좋으니 읽기 쉬운 문장으로 정중하게 써보자.

Note.

90

일의 중요도와 우선순위를 점검하라

결과를 예측하기 어려운 비즈니스에 적극 대응한다는 것은 다양한 문제해결에 돌입하는 것과 거의 같은 의미이다. 즉 도처에서 문제가 발생할 확률이 높다는 것이다. 생각대로 일이 살 풀려나가서 업무를 성사시킨 경우가 얼마나 되겠는가. 대부분은 문제에 문제가 겹치고 사건에 돌발 상황까지 겹쳐서 마음고생 몸고생을 하며 간신히 일을 마무리하는 경우가 많은 것이다.

그러므로 문제가 생겼을 때에 겁먹지 말고 "문제는 해결하기 위해 생기는 거야"라는 식으로 즐겁게 받아들이는 훈련이 필요하다. 그리고는 단적으로 '문제'라고 처리해버리지 말고 중요도로 나누는 습관을 들인다. 이것을 판단할 수 있게 되면 비즈니스맨으로서 제몫을 할 수 있을 정도로 성장했다는 것이다.

문제의 대소

문제의 크고 작음은 초보자 나름대로 그럭저럭 짐작이 갈 것이다. 세상에서 말하는 능력 있는 사람이라 해서 특히 남보다 뛰어난 두뇌의 소유자라고는 할 수 없다. 오히려 문제의 우선순위를 판별하여 중요도가 높고 긴급한 문제부터 해결해가는 습관을 몸에 익힌 사람이다.

사용법

예를 들면 버드나무에 결부시켜 생각하면 알기 쉽다.

· **뿌리** : 절대로 양보할 수 없다고 생각하는 것은 그 사람에게 있어서 '뿌리'라고 생각한다. 식당이면 위생, 금융기관이면 신용, 개인이면 가족이라고 할 수 있다. '뿌리'를 위협하려는 상대

에게는 이길 수 없는 상대라 할지라도 의연하게 대결한다.

· **줄기** : 득실로 계산할 수 있는 종류이다. 비즈니스 세계라면 능숙하게 교섭하는 것이 중요하다.

· **가지** : 이것은 그다지 구애될 정도의 것은 아니다. 전철 안에서 구두를 밟힌 것 같은 것이다. 가지치기라는 말도 있지 않은가. 너무 흥정하지 말고 의젓하게 대응한다.

‘줄기’, ‘가지’는 그다지 강하게 반응하지 말고, 양보할 곳은 양보하되, ‘뿌리’에 대해서만은 확실하게 자기의 의지를 주장하면 모두가 당신을 다시 한 번 보게 될 것이다. 문제가 일어나면 우선 ‘뿌리?, 줄기?’라고 자문해보고, 자신이 얻은 해답에 따라 여유 있는 기분으로 처리하자.

91

기획서의 기본

- ❖ 가능하면 1페이지에 1항목이 들어가도록 할 것
- ❖ 테마와 결론을 한눈에 알 수 있는 문장으로 해야

기획서에 가장 필요한 것은 '설득력'이다. 설득의 요소가 결여된 기획서는 김빠진 맥주 같다. 그러면 '설득력'이 있는 기획서란 어떠한 조건을 준비하고 있는 것일까? 여기서는 설득력 있는 기획서의 표현에 대해서 생각해보자.

1페이지에 1항목

요령의 하나는 가능하면 1페이지에 1항목이 들어가도록 해서 다음 페이지에 걸치지 않도록 하는 것이다. 당신에게 있어 정성을 기울여 쓴 기획서라도 상대가 같은 관심으로 읽어준다고는 단정할 수 없다. 아니 읽어주면 좋은 편이고, 살짝 보는 정도가 고작일지 모른다. 살짝 훑어보고도 기획서에 매력을 느끼게 하려면 복수 페이지에 걸쳐 상세히 설명하는 식으로 써서는 매력이 없다.

사안에 따라 다르지만 보통의 기획은 단순 명쾌한 것이 좋다. 그리고 테마와 결론을 한눈에 알 수 있는 문장으로 한다. 어필하고 싶은 곳을 강조해서 간결하게 결론으로 이끌도록 쓰여 있는 기획서라면 살짝 보는 것만으로도 내용을 파악할 수 있다. 반면 당연하지만 세부사항에 대해서는 설명이 부족하게 될 것이다. 만약 아무래도 부족하다고 생각되면 그것은 '첨부자료'에서 보충한다.

첨부와 증거제시

코스트, 일수, 시장데이터, 수익전망 등 숫자적인 증거자료도 첨부한다.

  타이틀은 내용의 결정체이기 때문에 내용을 정확히 표현하는 것만으로는 불충분하다. 제안의 내용이 아무리 성실하고 알찬 것이라 하더라도 사람의 눈을 잡아끄는 타이틀은 더 중요하다. 기획서의 타이틀은 그 성패에 큰 영향을 주는 것이다. 이름을 잘 지으면 사업의 절반은 성공하는 것이다.

Note.

92

보고서의 기본

❖ 보고서는 비즈니스맨의 필수능력의 하나

❖ 필요한 것은 빠뜨리지 않고 불필요한 것은 생략하고 간결히

기본

보고서를 쓰는 기본은 읽는 사람의 입장에서 쓴다는 것이다. 보고서를 읽는 사람은 대부분 상사이다. 그러므로 상사는 바쁜 시간을 내어 읽는다는 것을 염두에 두고 보고서를 써 내야 한다. 필요한 것은 빠트리지 않고 불필요한 것은 일절 생략하고 쓰는 것이 중요하다.

특히 공정하고 객관적인 시각으로 쓰는 것이 필요하다.

필요한 것

보고의 목적이다. 무엇을 누구에게 보고하는 것인가 그 포인
트를 제대로 파악하고 쓸 것.

날짜

연도와 일자를 잊지 않도록 한다. 의외로 빼먹기 쉽다.

발송처

OOO 부장, OOO 과장, OOO 님, 즉 수신자이다.

보고자명

부, 과, 직책, 성명 등 보고서를 작성하는 사람이다.

타이틀

~에 대한 건. 한눈에 알아보도록 간결한 타이틀을 붙인다.

경위와 과정

받은 지시에 기초하여 일을 한 결과의 보고이다. '몇 월 몇 일

자의 지시에 대하여, ~을 ~하고 왔다'와 같은 것이다.

주된 내용

단순하게 하면 '~가 ~이 되었다'는 것이다. '5W2H'를 만족하도록 의식해서 쓰자. 사실만을 쓰도록 한다.

자신의 의견

신입일 때는 자기의 의견이라는 것을 명기하고 겸허하게 쓰도록 한다.

93

사내문서의 레이아웃 요령

❖ 사내문장은 전해야 할 포인트를 한눈에 알 수 있도록 할 것

❖ 레이아웃은 가능한 한 심플하게

자신의 의견

사내 문서는 많은 경우 폼이 정해져 있다. 그러한 경우는 그 폼에 따른다. 컴퓨터의 워드 소프트 틀에 정형화된 폼이 들어 있는 경우도 많다. 그것을 사용할 수 있다면 사용할 것.

폼이 정해져 있지 않는 경우는 유사한 폼을 찾아내 응용하면 좋다. 완전히 유사한 폼이 없는 경우는 간결하고 명료하게 하면서 자신의 개성이 드러나 보이도록 해도 좋다. 어쨌든 중요한 것

은 보기 쉬워야 한다는 것이다. 그리고 전해야만 하는 포인트가 한눈에 확실히 알도록 하는 것이 좋다.

그러기 위해서는 우선 '타이틀'을 한 행으로 간결히 쓸 것. 타이틀의 상하는 충분히 비워 놓아야 한다. 이렇게 함으로써 타이틀이 눈에 띄게 된다. 제목을 어지럽히는 배경들을 모조리 없애 버릴 것.

본문은 너무 가득 채운 인상을 주지 않도록 글자간, 행간을 배려해 설정한다. 1행의 문자 수는 내용에 따라 조절하도록 하지만 가능하면 37~40자 정도가 되도록 한다. 레이아웃은 가능한 한 심플하게 한다. 쓸데없는 장식문자 등을 사용할 필요는 없다.

또한 날짜, 발신자 소속, 이름은 반드시 써야 한다. 가장 중요한 것은 전체의 밸런스이다. 선배의 사내 문서 등을 보고 어떠한 레이아웃이 가장 읽기 쉬운가 연구해 둘 것.

사내 문서의 문장은 각각 내용이 다르기 때문에 흉내 내는 것은 어렵다. 그러나 레이아웃은 타인의 것을 그대로 흉내 내도 전혀 문제가 되지 않는다. 여백 비워두기 등 미묘한 차이로 시각적인 인상이 달라지므로 좋은 레이아웃이 있다면 흉내 내보는 것도 좋다.

94

실제로 시도해 보자

그러면 실제로 비즈니스 문서를 쓸 때 어떤 주의가 필요할까. 구체적인 사례를 들어 생각해보자.

다음의 예는 총무부의 김생각 씨가 쓴 사내 문서이다. 우선 왼쪽 위에 날짜와 수신처인 부서를 명기한다. 그리고 오른쪽 위에서 수행을 내린 곳에 발신자인 자신의 이름과 소속부서를 씁니다.

타이틀의 아래 위는 밸런스가 좋게 여백을 둔다. 사내 문서이기 때문에 문자를 크게 하거나 장식문자로 할 필요는 전혀 없다. 타이틀은 행의 중앙에 두는 것이 좋다.

다음으로 요건은 가능한 한 간결하고 군더더기가 없는 문장으로 한다. 초안 작성 후 쓸데없는 문장이 들어가 있지 않은지 반드시 다시 읽어보자. 쓸데없는 부분이 있다면 삭제하고 다시 한 번 읽어볼 것. 비즈니스 문서가 잘못되면 곤란한 상황을 발생시킬 수도 있고, 일의 능력까지 의심받게 된다. 신중하게 작성하자.

구체적인 날짜, 장소, 시간 등은 '- 다음 -'이라고 표기하고 써 간다. 이 표기의 아래 위도 적당하게 밸런스를 취해서 여백을 만든다. 또한 행의 중앙에 두는 것도 잊지 않아야 한다. 전부 다 쓰고 난 후 다음 사항을 한 번 더 확인한다.

- 5W2H는 들어 있는가?
- 인명 등의 고유명사는 바르게 되어 있는가?
- 레이아웃, 여백의 밸런스는 갖춰져 있는가?

이상의 체크가 끝나면 완성이다.

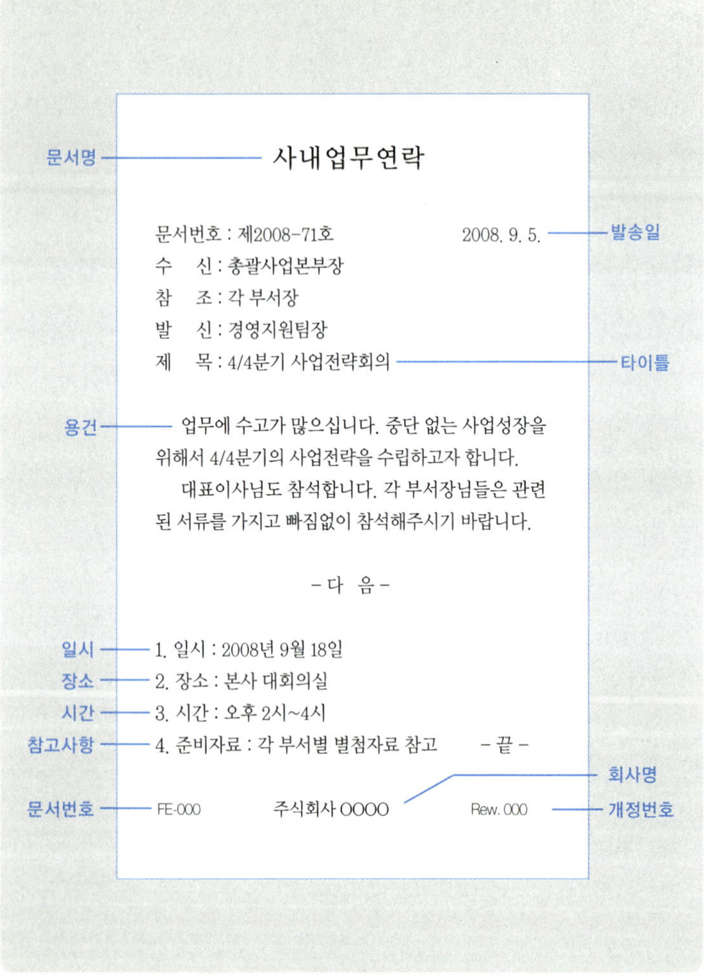

문서명
사내업무연락
문서번호 : 제2008-71호
2008. 9. 5.
발송일
수 신 : 총괄사업본부장
참 조 : 각 부서장
발 신 : 경영지원팀장
제 목 : 4/4분기 사업전략회의
타이틀
용건
업무에 수고가 많으십니다. 중단 없는 사업성장을 위해서 4/4분기의 사업전략을 수립하고자 합니다.
대표이사님도 참석합니다. 각 부서장님들은 관련된 서류를 가지고 빠짐없이 참석해주시기 바랍니다.
- 다 음 -
일시
1. 일시 : 2008년 9월 18일
장소
2. 장소 : 본사 대회의실
시간
3. 시간 : 오후 2시~4시
참고사항
4. 준비자료 : 각 부서별 별첨자료 참고
- 끝 -
회사명
문서번호
FE-000
주식회사 OOOO
Rew. 000
개정번호

95

곁모습을 가다듬는다

❖ 우선 '외관'으로 판단은 복장이 중요

❖ 선배에게서 배우라

'인간은 겉 모습이 아니고 속 모습이다' 라는 말을 자주 듣는다. 그러나 속이 착실한 사람도 외관은 잘 챙기는 것이 사회생활에 노움이 된다.

복장

사회인에 있어서 복장은 중요하다. 내용으로 승부하기 전에 외관으로 판단되어 버리기 때문이다. 복장은 대학 입시로 말하면 제1차 테스트와 같은 것이다. 여기에 합격하지 않으면 제2차 테스트는 받을 수 없다. 복장 계획을 세우려면 취직 전 작년에 입사한 선배를 관찰해 보라. 그들의 복장은 이 1년 사이 선배나 상사의 지도에 의해 회사의 기업문화나 방침을 잘 나타내고 있기 때문이다. 그 다음에 그것과 같거나 조금 점잖은 것으로 한다. 처음에 너무 튀거나 이상한 인상을 주는 것은 좋지 않다.

머리모양

일반론을 말하면 짧고 단정한 컷인데 평상시에 단정한 직장인들을 관찰해 두면 유용할 것이다.

구두

검정이 기본. 검정구두는 감색이나 그레이의 양복에 어울린다. 여성의 경우는 단정한 원피스나 투피스가 좋겠다. 캐쥬얼한 옷은 신입 때는 피하는 것이 좋지 않을까? 하긴 요즘은 그런 딱딱한 분위기를 탈피하려는 회사들도 많아지고 있기는 하다. 하지만 단정하지 못한 인상을 주지 않도록 신발은 깨끗하게 닦아 신자.

양말, 스타킹

감색, 검정, 그레이 등이 원칙이다. 스타킹은 너무 튀지 않고 점잖은 것이 좋을 것이다. 하얀 양말이나 요란한 그물 스타킹 등은 비즈니스에 맞지 않는다.

수염

원칙은 금지이다. 회사가 수염을 금지하지 않고 선배 중에 수염을 기르고 있는 사람이 있어도 입사 때는 하지 말자.

가방

우선은 눈에 튀지 않고 너무 크지 않은 것을 선택한다. A4사이즈의 자료가 들어갈 크기의 것이 무난하다.

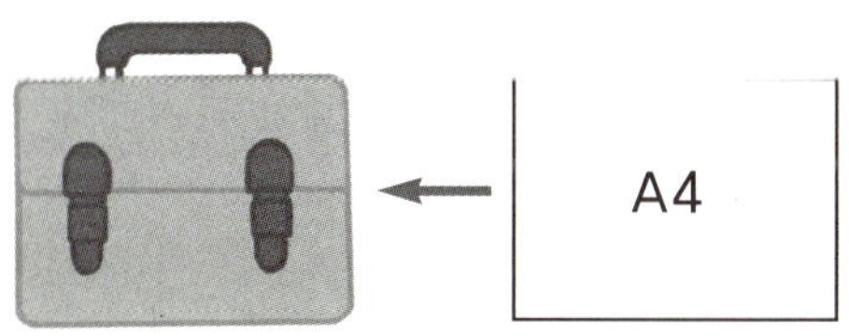

96

소품도 준비하자

❖ 액세서리도 자기 연출이다

❖ 코디네이트와 밸런스를 생각해야

액세서리는 다소 개성적이어도 좋은 경우도 있다. 단지 초면의 경우 이러한 액세서리도 상대가 당신을 판단하는 기준의 하나가 된다는 것을 잊지 말아야 한다. 기발한 형태나 색은 피해야 한다.

명함집

이것은 중요하다. 복장과 같은 레벨이라고 생각해 주기 바란다. 자기나 상대의 분신인 명함을 넣는 곳이기 때문이다. 사회에서는 자기 자신을 소중히 하지 않는 사람을 소중히 해줄 사람은 없다. 자기의 분신인 명함은 소중히 다루어야 하고, 상대의 분신인 상대의 명함도 소중히 다루어야만 한다. 그러니까 명함집만은 조금 고가인 것으로 해도 이상하지 않다.

정기승차권 지갑

이것은 별로 보일 것도 아니기 때문에 실용성과 취향으로 선택한다. 넣을 장소는 바지주머니나 가방이라도 상관없다. 하지만 정기권집과 명함집을 겸용하고 있는 경우는 바지주머니가 너무 튀어나오니 곤란하지 않을까?

수첩

이것은 명함집과 함께 중요한 것이다. 자기 자신을 아무렇지도 않게 어필하는 액세서리 중의 하나이다. 스케줄 조정 등으로 빈번하게 사람 눈에 띄는 것이므로 너무 품위 없는 것은 하지 말자.

지갑

이것도 한 단계 위 취향에 맞는 좋은 것을 사자. 빈번하게 사람의 눈에 띄는 것 중의 하나이니까.

코디네이트

명함집, 정기권집, 수첩, 지갑 등 이것들을 어떠한 센스로 갖추든지 중요한 것은 코디네이트이다. 전체적인 밸런스도 생각해서 갖추도록 하자.

Note.

97

입사 직후에 돈 쓰는 법

❖ 이 시기의 교제는 중요하다

❖ 가능한 한 여유를 가지고 준비해 둘 것

입사 직후는 사회인으로서의 빛나는 제 일보이다. 여기서 차분히 앉아 이 기간의 자금계획을 세워야 한다. 사회에 나오면 학창시절과는 달리 생각하지 않은 지출이 생긴다.

새로운 출발을 돈 때문에 고생하는 것은 한심한 일이다. 어떤 일에 얼마 정도 드는 것일까. 생각할 수 있는 모임의 종류나 지출을 생각해 봤다.

회식 등

환영회 등은 회사나 상사가 부담해주는 경우도 있지만 대개 동기들간에 '2차로…' 가는 경우에는 자금이 필요하다. 아까워도 새롭게 동료가 생길 수 있는 귀중한 찬스이다. 당신이 술에 약해도 가능한 한 출석하는 것이 좋다. 회식비는 동료간의 경우는 더치페이도 좋다. 한 달에 1회만 한다고 한정할 수 없기 때문에 적당한 금액을 준비하도록 하자.

교통비

회사에 따라 차이가 있다. 회사까지의 교통비를 잘 계산해서 준비를 해둔다. 교통카드 등으로 미리 1개월분을 준비해두는 것도 좋다.

중식비

자기 혼자라면 검약해도 좋겠지만 동료들과 서로의 권유로 조금은 과분한 점심을 먹는 일도 있다. 교류를 깊게 하기 위해 중요한 기회이다. 꽁무니 빼지 않고 권유에 응할 수 있도록 예정보다 조금은 여유 있게 가지고 다닐 수 있도록 한다.

그 외에 사고 싶은 책도 있겠고, 신문, 때로는 택시비도 든다. 현재 물가 수준으로 합계 어느 정도 준비하는 것이 좋은지 미리 생각해 두라. 가능한 한 여유를 가지고 준비해 두는 것을 권한다.

Note.

98

신문에 익숙해지자

매일 신문을 착실히 읽고 있다. 이것은 비즈니스맨으로서 기본조건의 하나이다. '뉴스라면, TV로 충분' 이라고 생각하고 있다면 그것은 잘못이다. 정치나 경제, 산업계의 큰 흐름이나 개개 사건의 정확한 정보를 얻으려면 현재 신문이 더 정확하다. 가능하면 매일 아침 30분 정도는 시간을 투자해 읽자.

특히 정치면, 경제면, 국제면, 산업면 등의 주요한 기사는 대강이라도 훑어본다. 요즈음은 인터넷에 기사를 올려놓기 때문에 효율적으로 신문을 온라인상으로 읽을 수도 있다.

처음은 하나부터 시작하면 좋겠지만 그것만으로는 충분하지 않다. 동시에 경제신문이나 일에 관계있는 업계신문도 같이 읽으면 베스트이다. 특히 업계지는 업무의 전체상을 파악하는데 최적인 툴이다. 대개의 업계에는 전문지가 있다. 만일 없다면 취직된 곳이 산업계라면 산업관련신문, 금융계라면 금융관련신문, 유통계라면 유통관련신문 등을 읽으면 좋다. 이것들은 회사에서 구독하고 있는 경우가 많지만 개인적으로 투자해 구독하는 것도 의미 있다.

시간이 없을 때는 제목만이라도 대강 훑어봐 두도록 하자. 상담 사이사이의 잡담 속에서 자주 그날의 신문기사가 화제가 되는 일이 많은 법이다. '그 기사, 읽었습니까?' 라고 물었을 때 '아니오, 안 읽었습니다.' 라는 대답으로는 이야기도 고조되지 않고 당신의 평가도 떨어진다.

신문의 중요한 기사를 스크랩하는 것도 사회나 관련업계의 추이를 이해하는 좋은 방법이다. 자기 나름대로 궁리해 신문에 익숙해지자.

99

업무와 관련된 책을 읽자

❖ 학창시절과는 달리 앞으로는 자기의 책임으로 공부해야

❖ 자신에게 투자하는 기분이라야

읽어야 하는 것은 신문에 국한되지 않는다. 잡지나 서적도 가능한 한 훑어봐야만 한다. 물론 일에 도움이 된다고 생각되는 것은 구입해 숙독하도록 한다. 이것들의 지식은 오늘 읽고, 내일 바로 도움이 되는 것은 아닐지도 모른다. 그러나 업계 전체의 윤곽이나 큰 흐름을 파악하는 데는 대단한 도움이 된다.

또한 업무와 관계가 없는 것처럼 생각된다 해도 읽어두어야 할 비즈니스 책도 있다. 예를 들면 최근 화제의 유행어나 국제 사

안을 테마로 한 해설서는 알아두어야 할 사항이다. 화제가 되고 있는 것은 꼭 읽어보자.

증권회사, 은행에 근무하는 사람이라면 경제학에 관한 책, 상사원이라면 해외사정이나 무역에 관한 책, 기획업무를 보는 사람은 기획지침서 등과 같이 자기 업종이나 직종에 관련된 책을 읽어보는 것도 좋다. 또한 학술서도 학창시절에 읽는 것과 사회에 나와서 읽는 것과는 이해 정도가 다를 것이다.

실제로 업무가 바빠지면 좀처럼 두터운 책은 읽을 수 없게 된다. 천천히 읽을 수 있는 것은 지금뿐이다. 그 의미에서도 신입일 때 천천히 독서의 시간을 만드는 것은 필요하다.

시간이 있다면 역사소설을 읽는 것도 좋다. 경영자들은 이러한 역사 서적 등에서 경영판단의 힌트를 얻는 일이 있다. 또한 문학작품이나 논픽션을 읽는 것도 인간으로서의 폭을 넓히는 좋은 자극제가 된다. 학창시절과는 달리 앞으로는 자기의 책임으로 공부해 가는 것이다. 목표를 높게 가지고 자신에게 투자하는 기분을 잊지 않도록 한다.